AF277569

Documento de Trabajo
Serie Unión Europea y Relaciones Internacionales
Número 146/ 2024

Retos de la futura ampliación para el funcionamiento de la Unión Europea

M. Mercedes Guinea Llorente

El Real Instituto Universitario de Estudios Europeos de la Universidad CEU San Pablo, Centro Europeo de Excelencia Jean Monnet, es un centro de investigación especializado en la integración europea y otros aspectos de las relaciones internacionales.

Los documentos de trabajo dan a conocer los proyectos de investigación originales realizados por los investigadores asociados del Instituto Universitario en los ámbitos histórico-cultural, jurídico-político y socioeconómico de la Unión Europea.

Las opiniones y juicios de los autores no son necesariamente compartidos por el Real Instituto Universitario de Estudios Europeos.

Los documentos de trabajo están también disponibles en: www.idee.ceu.es

Serie *Unión Europea y Relaciones Internacionales* de documentos de trabajo del Real Instituto Universitario de Estudios Europeos

Retos de la futura ampliación para el funcionamiento de la Unión Europea

CEU *Ediciones*
Julián Romea 18, 28003 Madrid
Teléfono: 91 514 05 73
Correo electrónico: ceuediciones@ceu.es
www.ceuediciones.es

Real Instituto Universitario de Estudios Europeos
Avda. del Valle 21, 28003 Madrid
www.idee.ceu.es

ISBN: 978-84-19976-53-6
Depósito legal: M-24538-2024

Maquetación: Andrea Nieto Alonso (CEU *Ediciones*)

Índice

1. Introducción: el relanzamiento de la política de ampliación tras la guerra de Ucrania

La invasión rusa de Ucrania ha supuesto, como reconoce el propio Consejo Europeo «un vuelco descomunal en la historia europea» (Jefes de Estado y de Gobierno 2022: 3). Tanto la política exterior de la Unión Europea (UE), como su propia agenda política se han visto profundamente convulsionadas por un hecho que supone una amenaza existencial a los valores en que se fundamenta el propio modelo europeo: la integración voluntaria entre Estados iguales y soberanos, sus principios democráticos (Le Gloannec 2018:6) y su defensa del Derecho Internacional (Ferrer 2024). No solo con esta guerra, sino ya desde quince años atrás con maniobras encubiertas, Putin plantea un desafío existencial a la UE, tanto a sus fronteras como a su modelo democrático y liberal.

La respuesta de la UE a la guerra ha roto todos los parámetros anteriores, incluso tabúes tradicionales (Blockmans, 2022; González Alonso 2023; Gros-Verheyde 2024; Guinea 2024a; Rodríguez 2024). Y una de esas consecuencias es la apertura de un proceso de ampliación hacia Ucrania y otros Estados de la vecindad oriental, cuando estaba excluida la adhesión de los vecinos[1], y la revitalización del proceso de adhesión de los Balcanes Occidentales, que llevaba una década estancado. Ofrecer a los ucranianos la perspectiva de su adhesión a la UE es el signo mayor de compromiso político con su futuro. Los europeos les aseguramos que, una vez que acabe el conflicto, pagaremos su reconstrucción y que tienen con nosotros la opción real de vivir de acuerdo con el modelo democrático y liberal que ansían y que es lo que les ha hecho oponerse a la absorción por parte de Rusia. Pero esta mera promesa no garantiza nada, sino que abre un proceso todavía de resultado desconocido, no solo por el desafío de integrar a estos Estados, sino por cómo conseguir el deseado resultado de la paz y la seguridad europea. Pues parece claro que la UE necesita estar a la altura de sus compromisos en la ampliación para tener la capacidad de influir en la futura arquitectura de seguridad europea (Stratulat 2023). Así, el verdadero dilema está en cómo conseguir dilucidar la transacción entre construcción de democracia en su vecindario y seguridad para la Unión (Anghel y Džankić 2023: 497).

La ampliación, por tanto, ha pasado a la primera plana de la agenda política europea, como consecuencia de la guerra, después de una década dormida. El propio Consejo Europeo, en la nueva Agenda Estratégica para el periodo 2024-29 defiende «La nueva realidad geopolítica subraya la importancia de la ampliación como inversión geoestratégica en paz, seguridad, estabilidad y prosperidad» (2024: 17). Y retorna así redescubriendo su carácter geopolítico, es decir, su utilidad para afirmar a la UE como un jugador estratégico dominante en su vecindario y oponerse así a la influencia rusa y china (Buras y Morina, 2023: 4). Esto no excluye su rasgo de «imán de atracción» para conseguir los objetivos de estabilización de terceros Estados, exportación del modelo democrático y consecución de la unificación política de Europa (Cremona 2004: 563). Esa dimensión de herramienta de competición geopolítica es evidente cuando tanto los Balcanes Occidentales como los países de Europa Oriental son terreno de juego de la competición de Rusia contra el modelo europeo occidental.

Existe la voluntad política de que las primeras adhesiones de esta nueva oleada se produzcan antes de que acabe la presente década (Aldecoa 2024: 70). Pero ello tendrá que ir acompañado de ingentes progresos en los Estados concernidos, todos ellos lejos de los estándares europeos, sobre todo, en lo que atañe al modelo político. Y se prevé que no va a ser un proceso fácil por la cantidad de obstáculos existentes. Para evitar la fatiga de los candidatos se ha adoptado una nueva orientación política, que aboga por una integración gradual en las políticas, presupuesto y beneficios de la adhesión a medida que se vaya progresando en la transformación (Stanicek, Przetacznik y Albaladejo 2023). Y con la prioridad que recibe la ampliación vuelve también con fuerza otro de los debates

---

[1] La UE, desde 2003, había concebido una Política Europea de Vecindad (PEV), dirigida inicialmente a los Estados de Europa Oriental y del Cáucaso Sur, que pretendía como modelo final de relación la integración económica y social, al modo del Espacio Económico Europeo, pero sin llegar nunca a convertirse en miembros de pleno derecho (Comisión Europea 2003). Esto se repetía una y otra vez en todos los documentos de esta política. La razón estribaba en la voluntad de los europeos de no generar un conflicto con Rusia, que siempre ha considerado a estos Estados como su zona natural de influencia (Guinea 2008). Se pretendía, así, estabilizarlos con la perspectiva del bienestar y la integración en el Mercado Interior europeo pero no llegando a la adhesión. La UE, contra lo que se creía, tenía fronteras, pero estas eran casi imperceptibles, ya que para verlas había que profundizar en la documentación de la PEV. Me gusta, por ello, a modo de metáfora, decir que esas fronteras eran de cristal, casi invisibles. Y las fronteras de cristal fueron quebradas en mil añicos por los tanques rusos. Así la invasión de Ucrania dejó sin contenido esa autolimitación que se había impuesto la UE y se ha decidido ahora que estos países, si lo desean y abrazan el modelo europeo, sean elegibles para unirse a la familia de los UE.

tradicionales, aquel que se focaliza en las adaptaciones que ha de enfrentar el propio sistema político europeo para absorber a nueve potenciales nuevos Estados miembros[2]. En esta dimensión, «la capacidad de absorción» o la reforma de la Unión para proceder con garantías de éxito a su ampliación, es en la que vamos a centrar este análisis.

Tradicionalmente, cuando hablamos de los requisitos para proceder a la ampliación, solemos tener en mente solo aquellos que han de cumplir los Estados candidatos. Sin embargo, desde que se abordó la primera de las ampliaciones, aquella que incluiría finalmente a Reino Unido, Irlanda y Dinamarca, ya se contempló otro requisito, aquél que es exigible al propio sistema político europeo y que es garantizar que pueda continuar su proyecto de unificación política (Conferencia de Jefes de Estado o de Gobierno 1969: 277). Este es el debate que supuestamente opone ampliación y profundización. Como veremos, se trata de un debate mal entendido ya que asume que los dos objetivos y procesos son contrapuestos, cuando suelen darse en paralelo. Y, además, realmente tal y como se planteó desde sus inicios y como se han producido en la práctica, los procesos en curso no son dos, sino tres: ampliación, consolidación o «capacidad de absorción» y profundización. A ello dedicaremos el segundo epígrafe.

En este proceso de ampliación las instituciones han comenzado ya los trabajos para preparar la UE para la ampliación. Pasaremos revista al estado de estos trabajos desde el punto de vista procedimental en el tercer apartado. A continuación, en el cuarto epígrafe, veremos que la cuestión de la reforma de la Unión para la ampliación es una de las prioridades políticas de la X legislatura, tal y como se plantea en la Agenda Estratégica aprobada por el Consejo Europeo como en el programa de la nueva Comisión.

En el siguiente punto, el quinto, analizaremos detalladamente los cuatro ámbitos de reforma ya fijados en la hoja de ruta del Consejo Europeo, valores, gobernanza, financiación y políticas. Finalmente, en el sexto apartado, analizaremos la forma en que puede producirse la reforma y si es necesario e imprescindible que sea mediante una revisión formal de los Tratados o si existen alternativas. Terminaremos con unas conclusiones en que recogeremos nuestras posiciones ante el que ya no es un debate sino un punto de la agenda política actual de la UE.

2. El debate entre ampliación y profundización, o entre ampliación, consolidación y profundización

Teórica e históricamente en la integración europea se ha destacado el debate o contradicción entre los procesos de ampliación y profundización, debate que vamos a abordar en sus orígenes y en el momento actual en el presente epígrafe. La Declaración Schuman (1950) ya diseñaba una construcción europea progresiva, la unión de los pequeños pasos, que iría integrándose progresivamente o «profundizándose» hasta alcanzar la Europa federal. Y pensaba ese proyecto como «una organización abierta a los demás países de Europa» (Schuman 1950). El proyecto europeo fue entendido desde el principio como un proceso que aunara a la vez la integración progresiva o profundización y la incorporación de los países que quisieran sumarse, siendo dos de los rasgos del proyecto ideológico original.

En términos conceptuales se considera que existe una oposición entre ambas dimensiones, al menos teóricamente. Si la ampliación incrementa el número de países que han de acordar la futura profundización, esta se hace menos probable y, en sentido contrario, si una integración más profunda incrementa los costes de la membresía, esta se va a volver menos atractiva para los nuevos (van der Veen 2014: 761). Y la razón no es solo que se anticipe que con más miembros será más difícil decidir, sino también que los actuales participantes consideran que el resultado de

---

2   En 2024 son nueve los Estados objeto de la política de ampliación europea, con perspectivas de adherirse en un futuro próximo, aunque no existen previsiones de fechas concretas. Seis de ellos pertenecen a los Balcanes Occidentales: Montenegro, Serbia, Albania, Macedonia del Norte, Bosnia-Herzegovina y Kosovo. Y tres son de Europa Oriental y el Cáucaso Sur, antiguos socios en el marco de la Política Europea de Vecindad: Ucrania, Moldavia y Georgia. Todos han recibido el estatuto de candidato, salvo Kosovo y Georgia que tienen una «perspectiva europea» por no cumplir aún con los requisitos exigidos (European Commission 2023: 8). En nuestro análisis, no tendremos en cuenta a Turquía en la perspectiva de una ampliación futura, dado que el proceso de negociación se encuentra congelado desde que en 2018 el Consejo así lo decidiera, por sus retrocesos en el modelo democrático, la protección de los derechos humanos y el Estado de Derecho y su ánimo conflictivo con Chipre y con Grecia (Council of the European Union 2018: 13). Paradójicamente, las relaciones con Turquía se siguen conduciendo por la DG NEAR, encargada de la Ampliación, y la cooperación continúa financiándose con cargo al Instrumento de Preadhesión (Reglamento UE 2021/1529: Anexo I).

la negociación les resultará más conveniente con socios similares como los actuales, que con otros más diversos como los futuros (van der Veen 2014: 771). Y, tradicionalmente, la profundización con carácter previo a una gran ampliación, se planteaba por la necesidad de evitar la dilución del proyecto y garantizar un dinamismo a la construcción progresiva de la unidad europea (Aldecoa y Guinea 2005: 133). Así, la heterogeneidad creciente de miembros pediría de antemano un reforzamiento del modelo político y de los ámbitos de integración para frenar las tentativas de diversificación y evitar una lenta disolución del proyecto de integración.

En términos políticos, el debate se abre con motivo de la primera de las ampliaciones, la que terminaría con la inclusión de Reino Unido, Irlanda y Dinamarca en 1973, que coincide, además, con otro debate, aquel sobre la naturaleza del paso adelante en la construcción europea una vez que se culminaba el periodo transitorio previsto en el Tratado de Roma (Truyol 1979: 54-56). Recién elegido, el Presidente francés Pompidou, al abordar su decisión de dar luz verde al proceso de ampliación de las Comunidades Europeas, dejaría claro que para hacer progresar la construcción europea era necesario hacer tres cosas a la vez: consolidar, profundizar y ampliar (Pompidou 1969). Por consolidar entiende que es hacer que las políticas ya aprobadas se desarrollen y que las instituciones funcionen adecuadamente en las nuevas circunstancias. Es lo que desde el Consejo Europeo de Copenhague se conoce como «capacidad de absorción» (Consejo Europeo 1993: 13) y es el requisito previo a la ampliación que resulta exigible a la propia UE. Mientras que profundizar es hacer progresar Europa alcanzando la integración en nuevos ámbitos.

Esta triple dimensión, conocida como «tríptico Pompidou» sería asumida por los otros cinco Estados en la Cumbre de La Haya unos meses después. Así, la Cumbre de la Haya decidiría desarrollar la integración consolidando la Política Agrícola y previendo más poderes presupuestarios para el Parlamento Europeo; profundizándola, dando inicio a la cooperación monetaria y la cooperación política europea y decidiendo abrir las negociaciones de ampliación con cuatro nuevos Estados (Conferencia de Jefes de Estado o de Gobierno, 1969). La idea de condicionar la ampliación a este doble requisito se va a repetir en todas las decisiones relevantes europeas. Así, el Consejo Europeo de Copenhague estimaría «la capacidad de la Unión de absorber nuevos miembros, sin dejar de mantener el impulso de la integración europea, es también una consideración importante en el interés general tanto de la Unión como de los países candidatos» (Consejo Europeo 1993: 13).

Se ha dicho con razón que, a diferencia de lo que ocurre con los criterios exigibles a los candidatos, esa capacidad de absorción nunca se ha definido y no es por tanto mensurable en términos jurídicos, sino que depende más bien de la apreciación política en la que coincidan los propios Estados miembros (Buras y Morina 2023b: 3; Lehne 2023). En 2006, el Consejo pediría a la Comisión que concretara los elementos que habría que tener en cuenta para estimar esa capacidad de absorción. Estos serían, según la Comisión, el funcionamiento institucional y los procedimientos de decisión; la capacidad de desarrollar e implementar políticas comunes en todas las áreas; la financiación sostenible y un apoyo suficiente por parte de la opinión pública (European Commission 2006: 17-24). De esta concreción sorprende la timidez con que se aborda la dimensión profundización, presente con mayor fuerza con anterioridad.

Pero resulta lógico que se incorpore la aceptación por parte de la opinión pública, dada la experiencia de los referendos constitucionales de 2004, que se conoció que fue debida al temor que producía la gran ampliación entre la ciudadanía (Kribbe y van Middelaar 2023: 15). Así, el Consejo Europeo incorporaría formalmente esta dimensión a sus criterios políticos, determinando que «ésta (la UE) debe ser capaz de funcionar eficazmente y desarrollarse. Estos dos aspectos son esenciales para ganarse el apoyo amplio y permanente del público, lo que debería fomentarse también mediante una mayor transparencia y una comunicación mejor» (Consejo Europeo 2006: 2). Y, si consideramos la actitud de los europeos ante la ampliación, uno de los Eurobarómetros más recientes muestra que existe una exigua mayoría del 53% a favor, que parece limitada pero que da la vuelta en poco tiempo a lo que era una opinión mayoritariamente contraria (Eurobarometer 2023: 23). Todos los documentos estratégicos sobre la ampliación coinciden en señalar como vital esa política de comunicación tanto en la UE como en los Estados candidatos para convencer a la ciudadanía de la importancia de la empresa (Consejo Europeo 2024: 17).

La práctica y la historia han demostrado, sin embargo, que se produce el fenómeno contrario, «la ampliación y la profundización marcan dos ejes de la integración europea que, como muestra la historia, no se oponen sino que se entrecruzan de manera fecunda» (Maillard 2024). El desarrollo en paralelo de las tres dimensiones se produce históricamente con motivo de todas las grandes oleadas de ampliación. Junto a ajustes institucionales, presupuestarios y de reforma de las grandes políticas de gasto (consolidación), las ampliaciones van a verse acompañadas de revisiones de los Tratados para desarrollar la profundización de la integración europea. Así, la primera ampliación, de 1973, sería acompañada de dos iniciativas intergubernamentales, el Sistema Monetario Europeo y la Cooperación Política Europea, el primer mecanismo de concertación de las políticas exteriores (Truyol 1979: 84-85).

La gran ampliación al Sur, de 1981 y 1986, iría en paralelo con las reformas encadenadas del Acta Única Europea y el Tratado de Maastricht, para poner en marcha el Mercado Interior y la Unión Europea respectivamente (Aldecoa 2002: 117 y 149-151). La ampliación de 1995 traería la pequeña profundización del Tratado de Amsterdam (Aldecoa 2002: 218-220), mientras que la gran ampliación de 2004-07 sería preparada tanto por el poco satisfactorio Tratado de Niza (Aldecoa 2002: 308) como por la profundización constitucional que, debido a la crisis de ratificación, terminaría entrando en vigor tardíamente como Tratado de Lisboa (Aldecoa y Guinea 2008: 23). La última ampliación, la de Croacia en 2013, tanto por su pequeña entidad y poca afectación de los procedimientos institucionales y políticas, como por que el Tratado de Lisboa había entrado en vigor hacía poco tiempo y las crisis en las que estaba sumida la UE (Goldner Lang 2012), no fue acompañada ni de reformas, ni de profundización.

3. Ampliación, reforma y profundización en el proceso actual: un debate que acaba de empezar

Con la reactivación del proceso de ampliación actual, causado por la guerra de Ucrania, y la voluntad de acelerarlo para incluir a los seis de los Balcanes Occidentales y los tres antiguos de la Vecindad vuelve con fuerza al debate europeo la discusión entre ampliación y profundización. El hecho de que la preparación de la Unión haya entrado en la agenda política europea, es en sí mismo, una muestra de que existe voluntad política de proceder a esta ampliación de verdad, y no dejarla dormir en el tiempo como ha ocurrido con los Balcanes los últimos veinte años.

La totalidad de las instituciones han abordado a lo largo del último año esta cuestión, avanzando trabajos y consensos que ya están cristalizando en una posición sobre la reforma de los Tratados y sobre la agenda de la reforma. Vamos a analizarlos, institución a institución, extrayendo su posición general en este apartado. El fondo de las reformas que también analizan algunos de los informes serán abordados en los apartados específicos.

3.1. El Consejo Europeo: ampliación y reforma de la UE como procesos paralelos

La primera vez que la preparación de la UE es tratada por el Consejo Europeo es en la Cumbre informal de Granada del otoño de 2023, que tenía la finalidad de preparar la agenda estratégica de la UE. En la declaración final en el punto relativo a la ampliación, se subraya que para que esta pueda producirse han de producirse progresos en dos sentidos diferentes: tanto en el seno de los candidatos, como en el de la propia Unión. «Tanto la UE como los futuros Estados miembros deben estar preparados ante la perspectiva de la futura ampliación de la Unión» (Consejo Europeo informal 2023: 2). Los dos procesos se vinculan y no habrá ampliación ni no se producen reformas internas previamente.

Y en esa adaptación de la Unión consideramos que se contemplan las dos dimensiones: tanto la reforma de las actuales estructuras, como una ulterior profundización. Así, la Declaración afirma que «De forma paralela, la Unión debe emprender el trabajo preparatorio en el ámbito interno y acometer las reformas necesarias. Fijaremos nuestras aspiraciones a largo plazo y las vías para alcanzarlas. Trataremos cuestiones clave relacionadas con nuestras prioridades y políticas, así como con nuestra capacidad de actuar» (Consejo Europeo informal 2023, p. 2). A nuestro juicio, la primera frase relativa al trabajo preparatorio y reformas necesarias hace referencia a la consolidación, pero cuando también se alude a «nuestras aspiraciones a largo plazo» y «nuestra capacidad de actuar» se va más allá, dando cabida a la profundización, esto es, a la previsión de nuevas competencias para la UE, para que esta pueda actuar adecuadamente ante los nuevos desafíos. El Consejo Europeo, en este punto, no especifica más, sin entrar en cómo tiene que producirse esa profundización, si bastaría con modificaciones del Derecho Secundario o ha de alcanzar a una gran reforma de los Tratados.

El Consejo Europeo de diciembre de 2023 daría ya apariencia oficial y formal a lo discutido en Granada, aprobando un punto sobre ampliación y reforma de la Unión. Afirma allí que «Ante la perspectiva de una nueva ampliación de la Unión, tanto los futuros Estados miembros como la UE deben estar preparados en el momento de la adhesión. Los trabajos en ambas vías deben avanzar en paralelo» (Consejo Europeo 2023: 4). Añade que «De forma paralela, la Unión debe emprender el trabajo preparatorio en el ámbito interno y las reformas necesarios, fijando las aspiraciones a largo plazo de la Unión y las vías para alcanzarlas, y tratando cuestiones clave relacionadas con sus prioridades y políticas, así como con su capacidad de actuación» (Consejo Europeo 2023: 4). Vemos que se ratifica ya en la resolución formal la opción tanto por la consolidación como por la profundización, al hablar otra vez de proyectos a largo plazo. Tenemos una primera acotación de los contenidos que ha tener esa reflexión: objetivos, políticas y procedimientos institucionales.

Más adelante, encontramos una adición más en relación a los contenidos: «A medida que se amplía la Unión, el éxito de la integración europea exige que las políticas de la Unión estén adaptadas al futuro y se financien de manera sostenible, conforme a los valores en los que se fundamenta la Unión, y que las instituciones de la UE sigan funcionando de modo eficaz» (Consejo Europeo 2023: 6). Se añade ahora la cuestión de cómo financiar el presupuesto común y la preeminencia que ha de recibir la cuestión de cómo proteger y preservar los valores en los que se fundamenta la Unión, en un aprendizaje de lo que ha sido la experiencia húngara. Tenemos ya, por tanto, diseñada la que podemos considerar una agenda mínima: políticas, procedimientos institucionales, financiación y protección de los valores. El Consejo Europeo también establece un calendario para empezar a plantear resultados: «El Consejo Europeo abordará las reformas internas en sus próximas reuniones con vistas a adoptar, a más tardar en el verano de 2024, unas Conclusiones sobre una hoja de ruta de los futuros trabajos» (Consejo Europeo 2023: 6).

Como estaba previsto, y sobre la base de un informe preparado por la Comisión que vamos a analizar más adelante (Comisión Europea 2024), el Consejo Europeo abordó esta cuestión en su cita de junio de 2024, justo tras las elecciones europeas, aprobando tanto la agenda estratégica de la UE para la próxima legislatura, como una hoja de ruta para los trabajos sobre las reformas internas (Consejo Europeo 2024: 12).

Esa hoja de ruta tiene dos hitos y dos encargos a dos instituciones diferentes. En primer lugar, encarga a la Comisión que prepare como límite para la primavera de 2025 un examen en profundidad de los cuatro ámbitos señalados anteriormente (valores, políticas, presupuesto y gobernanza) con propuestas que incluyan «elementos operativos» (Consejo Europeo 2024: 12). Esta alambicada redacción entendemos que quiere decir propuestas inmediatamente aplicables sin necesidad de una reforma de los Tratados. Por tanto, a nuestro juicio, se comienza por ser pragmático y examinar las adaptaciones que ya se pueden realizar a Derecho constante. Se subraya que existe la voluntad entre los Estados miembros de tener preparada la Unión para 2023, con independencia de que los candidatos estén alineados o no con los estándares europeos y se pueda proceder a la ampliación (Parkes 2024). Hay que señalar que la Presidenta de la Comisión se ha hecho eco de este mandato, habiéndose comprometido en su programa de legislatura, como veremos, a presentar un informe sobre las adaptaciones necesarias en los primeros cien días de su acción de gobierno y hacer avanzar este dossier sostenidamente (von der Leyen 2024b: 38).

En segundo lugar, el Consejo Europeo también toma nota del Informe de adaptación que había presentado la Presidencia belga, tal y como le había encomendado, que tenía la finalidad de ofrecer la opinión de los Estados miembros sobre los puntos de la agenda (Presidencia belga del Consejo de la UE 2024). También prevé dar continuidad a esos trabajos: pide al Consejo que presente un nuevo informe para junio de 2025 en que se dé cuenta de la situación de los cuatro ámbitos previstos para la reforma (Consejo Europeo 2024: 12). Parece correcto suponer que todo este trabajo lo asumirá fundamentalmente la Presidencia polaca, prevista para el primer semestre de 2025, aunque la Presidencia húngara incluye en su programa la reflexión sobre el futuro de la integración, con el proyecto de mapear las reformas necesarias de acuerdo con el encargo del Consejo Europeo (Hungarian Presidency of the Council 2024: 8). Sorprende enormemente, sin embargo, que en su apartado sobre la ampliación esta Presidencia solo considere el proceso abierto hacia los Balcanes Occidentales, sin ninguna mención a ninguno otro de los candidatos (Hungarian Presidency of the Council 2024: 6). Viendo la posición general del Gobierno de Orbán hacia la integración y la ampliación, y los conflictos que está teniendo con las instituciones y los Estados miembros, que han determinado un boicot a algunas de sus iniciativas, no esperamos grandes avances de su gestión.

3.2. El Parlamento Europeo: por la revisión de los Tratados pero aceptando (provisionalmente) un enfoque pragmático

La opinión del Parlamento Europeo en este debate también nos interesa, dado que es el otro poder político fáctico en los procesos de ampliación. El artículo 49 del TUE exige su aprobación, por mayoría de miembros que lo componen, para proceder a una futura ampliación. Y el Parlamento se ha pronunciado sobre este dilema, aprobando una Resolución sobre profundización y ampliación en febrero pasado (Parlamento Europeo 2024). Sostiene que «los procesos de preparación para la ampliación deben avanzar en paralelo en la Unión y en los países en vías de adhesión; destaca que son necesarias reformas institucionales y financieras europeas para abordar los retos actuales y garantizar la capacidad de la Unión para absorber a nuevos miembros y promover su integración eficaz» (Parlamento Europeo 2024: pto. 31). Defiende, por tanto, que la ampliación a nuevos miembros ha de ir de la mano de la preparación de la Unión, y que esta no consiste solo en la revisión de las actuales estructuras, sino también en garantizar la futura integración. Une, también, por tanto, a nuestro juicio, las dos dimensiones de la consolidación y la profundización.

En esta densa Resolución, el PE reflexiona sobre aspectos concretos imprescindibles a revisar, que abordaremos en los apartados específicos posteriores. Pero también sostiene que «se haga pleno uso de la flexibilidad prevista en el Tratado de Lisboa antes de una reforma más profunda en el contexto de una posible revisión de los Tratados» (Parlamento Europeo 2024: pto. 31); aunque «el uso de estos mecanismos de flexibilidad no debe impedir debates constructivos sobre la revisión de los Tratados» (Parlamento Europeo 2024: pto. 31). La conclusión política está clara: la ampliación ha de ser una prioridad, que no ha de posponerse a una previa revisión de los Tratados, que se asume que es compleja. Por tanto, han de desarrollarse todas las reformas que puedan arbitrarse utilizando las diferentes vías que establece el Tratado, pero aún así reafirma su preferencia por una revisión del Tratado, en línea con lo solicitado en una anterior Resolución (Parlamento Europeo 2023b).

Y concluye pidiendo que «las elecciones de 2024 se aprovechen como oportunidad para debatir y presentar la necesidad del proceso de profundización y ampliación de la Unión Europea y los beneficios de dicho proceso, así como las reformas políticas, institucionales y financieras europeas necesarias» (Parlamento Europeo 2024: 46). Coincidimos con el Parlamento en que una decisión política existencial para la integración como es su ampliación al Este de Europa y las reformas que implique requieren de un apoyo de la ciudadanía suficiente. Sin embargo, también se ha cumplido en esta elección, como en todas las anteriores, la falta de debate público sobre asuntos europeos y las campañas nacionales centradas en problemas nacionales y no europeos. No podemos sino lamentar otra ocasión perdida para socializar los grandes debates europeos y trabajar por la legitimación política del proceso de construcción europea.

3.3. La Comisión: un primer informe de reflexión sobre la adaptación

Consecuencia tanto de la promesa de la Presidenta von der Leyen en el discurso sobre el estado de la UE de 2023 (von der Leyen 2023) como del mandato del Consejo Europeo de diciembre de 2023, la Comisión Europea presentó en el mes de marzo una primera Comunicación, reflexionando sobre las reformas que han de implementarse en la UE para enfrentar la ampliación (Comisión Europea 2024). Reformas indispensables porque la UE «deberá abordar retos como una mayor heterogeneidad, la necesidad de nuevos recursos, mayor complejidad en la toma de decisiones y la necesidad de mantener el respeto indiscutible de los valores fundamentales» (Comisión Europea 2024: 1).

La Comunicación comienza reconociendo algo que nosotros defendemos desde hace tiempo y es que «Si bien las reformas eran necesarias antes, con la ampliación resultan indispensables» (Comisión Europea 2024: 2). Gran parte de la Comunicación es una defensa de la política de ampliación y de las exitosas experiencias anteriores, habiendo poca crítica, por ejemplo, de la poca exigencia que se dio en el pasado a la socialización por parte de los candidatos de los valores del proyecto. No obstante, aunque no haya crítica sí se percibe un aprendizaje de esa experiencia a partir de la importancia clave que se da a los valores, no solo como criterio que han de respetar los nuevos, sino también como área cuyos procedimientos de control han de reforzarse dentro de la UE. Aunque no haya una autocrítica expresa se evidencia que se ha producido un aprendizaje de la ampliación de 2004 y la experiencia húngara.

A pesar de que no es su objetivo inicial, la mayor parte de la Comunicación se dedica más a la política de ampliación como tal y a cómo asegurar la transformación de los candidatos, que a las propias modificaciones de las estructuras y políticas de la UE. E, incluso, cuando aborda los aspectos del modelo interno afectados hace más un recuento de los mecanismos e instrumentos existentes que una evaluación de cómo han de adaptarse para enfrentar la ampliación. Cuando hace propuestas, que son muy escasas, adopta una óptica de consolidación, es decir, de adaptar el actual modelo, más que de profundización. El análisis separado de las cuatro dimensiones de la agenda lo haremos en los apartados correspondientes. Esta tendencia de abordar más lo que hay en una revisión de políticas y mecanismos que las necesidades y posibilidades de cambio muestra que nos encontramos en el punto de partida del debate, donde los trabajos todavía se encuentran en una fase muy preliminar.

La propia Comunicación anuncia cuál va a ser el procedimiento de trabajo para estudiar la adaptación de todas las políticas de la UE. Primero, se pondrán en marcha a principios de 2025 lo que llaman «revisiones» de todas las políticas de la UE, en lo que entendemos que es una especie de estudio del impacto de la ampliación en las políticas. En una segunda etapa, con esos resultados, dice que estarán en posición de formular «propuestas de reformas sustantivas en sectores específicos» (Comisión Europea 2024: 23). y se conecta este ejercicio con la preparación de la propuesta del próximo Marco Financiero Plurianual, es decir, la previsión presupuestaria para el periodo 2028-2035, que ya tendría que enfrentarse a la realidad de contar con más miembros. En conclusión, la administración europea acaba de iniciar sus trabajos para prepararse para la reforma, encontrándose en una fase muy preliminar donde el resultado ha sido la descripción de los desafíos en cada ámbito y el alumbramiento del procedimiento para realizar la evaluación técnica del impacto de la ampliación en cada ámbito y la subsiguiente propuesta de adaptación y reformas.

3.4. Primeros consensos de los Estados miembros sobre las reformas: el Informe de la Presidencia belga sobre el futuro de Europa

El Consejo Europeo de diciembre de 2023 trasladó a su cita de junio de 2024 la adopción de una hoja de ruta sobre el trabajo que tenía que desarrollar la UE para prepararse para la ampliación. Para dotar de contenido a esa hoja de ruta la Presidencia belga del Consejo, que discurrió durante el primer semestre de 2024, desarrolló una serie de reuniones con representantes de los Estados miembros y expertos y el resultado de las mismas se recogió en un informe (Presidencia belga 2024). Este ya nos ofrece una primera posición de los Estados miembros sobre la reforma de la UE, una identificación de la agenda y de los procedimientos a seguir.

El informe ofrece una serie de conclusiones limitadas pero muy relevantes e ilustrativas. En primer lugar, los Estados miembros están de acuerdo en que la UE necesita reformas para enfrentarse a un triple reto: mantener y mejorar su funcionamiento interno y su capacidad de actuación, adaptarse al entorno geopolítico y prepararse para la ampliación (Presidencia belga 2024: 4). Se asume que la necesidad de reforma no está solo causada por la ampliación sino también por la necesidad de eficiencia y la presión internacional. El segundo consenso que se alumbra es que los procesos de ampliación, con la nueva metodología del acercamiento progresivo, y la reforma han de avanzar en paralelo. El Informe pasa revista a la visión de los Estados miembros sobre las cuatro dimensiones previamente identificadas: valores, políticas, financiación y gobernanza. Analizaremos todos ellos en la parte correspondiente a cada materia.

En una visión general de la opinión de los Estados miembros se pueden sacar algunas conclusiones. La primera es que el debate todavía se encuentra en una fase muy preliminar, donde lo que se ha acordado, más que nada, es el listado de temas a trabajar en cada categoría y la metodología a seguir, por ejemplo, el apoyo en análisis técnicos. La segunda conclusión es que aún hay pocos consensos, pero si hay uno claro es la idea de avanzar pragmáticamente sin reformar los Tratados. Tercero, todo el análisis sigue la senda de la consolidación, es decir, de la adaptación de instituciones y políticas, aunque, en algunos ámbitos como la financiación, se percibe una voluntad de reformas. Se elude la cuestión de la profundización, es decir, de más competencias a la UE para que se hagan políticas nuevas en común. Pero lo más relevante es la prioridad destacada que se da a la ampliación y la voluntad política manifestada de hacer todo lo necesario para preparar la UE para enfrentarse a este escenario.

4. Ampliación y reforma en la agenda política de la X legislatura del Parlamento Europeo: ¿un salto cualitativo?

La agenda política de la UE para la legislatura 2024-29 eleva la cuestión de la ampliación y reforma de la UE a una de las prioridades estructurales, junto con la democracia, la competitividad y la defensa. Se considera que es uno de los aspectos más innovadores, comparado con la agenda estratégica del periodo anterior, impulsado por el desafío geopolítico del conflicto con Rusia (Drachenberg y Bacal 2024: 12). Así, el Consejo Europeo en su agenda estratégica afirma «La nueva realidad geopolítica subraya la importancia de la ampliación como inversión geoestratégica en paz, seguridad, estabilidad y prosperidad» (Consejo Europeo 2024: 17). Pero en lo relativo a la adaptación de la UE sostiene que «Paralelamente, la Unión Europea emprenderá las reformas internas necesarias para garantizar que nuestras políticas estén preparadas para el futuro y se financien de manera sostenible, y que las instituciones de la UE sigan funcionando y actuando eficazmente» (Consejo Europeo 2024: 17). Parece, por tanto, que aquí solo se considera la consolidación, pero que no se contempla la profundización a través de la revisión de los Tratados.

Esta visión limitada de la reforma se reafirma por una frase en la introducción en que invita a las instituciones a que desarrollen la agenda estratégica «respetando el equilibrio institucional de poderes tal como se establece en los Tratados y los principios de atribución, subsidiariedad y proporcionalidad» (Consejo Europeo 2024: 14). Se asume así que el *statu quo* actual de división de competencias entre instituciones y Estados miembros es el adecuado y que no se prevé su reconsideración con una mayor atribución de los Estados al nivel común. Así que la visión consensuada por los 27 en el seno del Consejo Europeo es consolidación, no profundización ni mayor federalización.

Como es bien sabido, la presidencia de la Comisión ha de concretar esta vaga agenda en el programa político que presenta al Parlamento Europeo para ser ratificada por este, en una suerte de contrato de legislatura. Con una propuesta concreta para su segundo mandato titulada «La decisión de Europa» (von der Leyen 2024b), Ursula von der Leyen obtuvo el respaldo del Parlamento Europeo con una mayoría de 401 apoyos, provenientes de las familias europeístas, 41 más de los necesarios (European Parliament 2024).

La Presidenta reelecta, en su discurso de 14 de julio, en materia de ampliación y reforma propuso un enfoque más ambicioso que el del Consejo Europeo: «*We need an ambitious reform agenda to ensure the functioning of a larger Union and to increase democratic legitimacy. While reforms were necessary before, with enlargement they become indispensable. We must use this as a catalyst for change in terms of our capacity to act, our policies and our budget. We will of course focus on what we can already do, of which there is a lot. But we should be more ambitious. I believe we need Treaty change where it can improve our Union*» (von del Leyen 2024a). La Comisión asume, por tanto, que la reforma de los Tratados es necesaria tanto para preparar la UE para ampliación como para abordar otros desafíos internos, en términos de eficacia y de legitimidad democrática. Hace suya, así, la demanda de la pasada legislatura del Parlamento de iniciar una revisión profunda de los Tratados tanto para reforzar la dimensión democrática y la eficacia de la UE como para atribuir nuevas competencias en ámbitos donde la acción común determinará un valor añadido (Parlamento Europeo 2023b). Es una estrategia inteligente, toda vez que para buscar el voto de los eurodiputados qué mejor que decirles lo que ellos quieren oír. Veremos si la voluntad política de proponer una reforma del Tratado se mantiene a lo largo de la legislatura, y de si tiene la capacidad de convencer a los Estados miembros, que son quienes tienen que aprobarla por unanimidad.

El programa escrito de la Comisión para la legislatura ahonda y concreta más esta cuestión de la ampliación como uno de los proyectos de legislatura. Así la Presidenta defiende que «Debemos prepararnos para ese futuro, apoyando a todos los países candidatos en su camino hacia la adhesión basado en los méritos y llevando a cabo reformas esenciales para preparar a nuestra Unión para el futuro» (von der Leyen 2024b: 5). En el capítulo exterior de «una Europa global» da un lugar especial a la ampliación, recogiendo las nuevas mecánicas y dinámicas aprobadas en la legislatura anterior relativas a una adhesión gradual (von der Leyen 2024b: 33). Aquí se aborda la ampliación solo en su dimensión de política exterior y promete que la UE tendrá capacidad para superar el reto que supone esta ampliación, pero no dice cómo (von der Leyen 2024b: 33).

Pero en el apartado dedicado a «Obtener resultados juntos y preparar nuestra Unión para el futuro» sí se aborda la cuestión de la reforma de la UE (von der Leyen 2024b: 37-39). Dos de los aspectos que se tratan aquí específicamente, la revisión del presupuesto y las reformas institucionales serían consecuencia directa de la ampliación programada, aunque otras no. Así, en relación a la revisión de los fundamentos constitucionales de la UE, la Presidenta defiende que «si las reformas eran ya necesarias antes, resultan indispensables de cara a la ampliación» (von der Leyen 2024b: 38). No podemos estar más de acuerdo con esta afirmación: venimos defendiendo desde hacer largo tiempo que los actuales Tratados, que terminaron de redactarse en el año 2003, se encuentran obsoletos y ya no responden ni al contexto histórico, ni a las necesidades de funcionamiento y competencias de la UE (Guinea 2022).

La Presidenta, en su programa, defiende la necesidad de un amplio programa de reformas para conseguir un triple objetivo: la eficacia en el funcionamiento de la UE, enfrentar los retos geopolíticos y reforzar la legitimidad democrática (von der Leyen 2024b: 38). Y, para ello, se propone volver a las propuestas de la Conferencia sobre el Futuro de Europa (CoFoE 2022), foro de democracia directa que analizó el estado de la integración europea y planteó reformas para mejorar la eficacia y legitimidad de la UE. Este respaldo de la Presidenta, que no quiere que se olvide la CoFoE, conduce a reconsiderar la activación de la reforma de los Tratados por el Parlamento Europeo (Parlamento Europeo 2023b), dado que ellos también partían de las propuestas de ese foro. Ese proyecto parlamentario de revisión de los Tratados ha sido, hasta este momento, obviado por el Consejo[3], que según el art. 48.2 debe remitir esta propuesta al Consejo Europeo y los Parlamentos Nacionales y el Consejo Europeo ha de decidir si abrir o no un proceso formal de revisión.

La Presidenta, en su programa, defiende con convicción y firmeza la necesidad de revisar los Tratados, afirmando «Estoy convencida de que necesitamos modificar el Tratado siempre que pueda mejorar nuestra Unión» (von der Leyen 2024b: 38). Y articula otra idea interesante, que es la de utilizar la ampliación como elemento de tracción con capacidad de construir consensos para introducir otras reformas de las cuales está necesitada la Unión: «Debemos también utilizar la ampliación como catalizador de los avances en lo que respecta a nuestra capacidad de actuación, nuestras políticas y nuestros programas de gasto» (von der Leyen 2024b: 38).

Se compromete a presentar en los primeros cien días de su mandato un examen de las políticas afectadas, centrándose en el Estado de Derecho, el mercado único, la seguridad alimentaria, la defensa y la seguridad, el clima y la energía, la migración, la convergencia o cohesión y la «capacidad de actuación de Europa», identificando desde el principio áreas de consenso (von der Leyen 2024b: 38). Parece, por tanto, que en su programa la Presidenta no solo considera la capacidad de absorción de la Unión, es decir, la consolidación, sino también la profundización, al no escapar del debate de la revisión de los Tratados.

El 17 de septiembre de 2024, Ursula von der Leyen como Presidenta de la Comisión presentó a la prensa su propuesta de vicepresidentes y comisarios con las diferentes carteras asignadas. En ese momento también se hicieron públicas las diferentes cartas de misión, que es el encargo específico que recibe cada comisario para implementar su parte del programa de la Comisión. En el momento en que cerramos estas líneas, los candidatos aún no han sido ratificados por el Parlamento Europeo. En la parte común de todas las cartas de misión vemos que todos ellos han de contribuir al objetivo transversal de «apoyar a los candidatos para que se preparen para unirse a la Unión» y contribuir a una «amplia y ambiciosa agenda de reformas» (von der Leyen 2024c).

Algunos comisarios, como los de cohesión, agricultura o presupuestos, tienen asignadas tareas específicas de preparación de sus respectivas áreas para la futura ampliación, en la línea de la consolidación. Sin embargo, no hemos encontrado en las diferentes cartas de misión que se encomiende a nadie la misión de plantear la reforma global de la UE y preparar la revisión de los Tratados, como se propone el programa de la Comisión. Entendemos, por tanto, que esta tarea de naturaleza constitucional, que comenzará con esa propuesta general dentro de los primeros 100 días, recaerá en la propia Presidenta.

Aunque no se vincule solo a la ampliación, el programa político para la X legislatura trasluce la idea de que la única manera en que la UE puede enfrentar con solvencia sus retos actuales es con más profundización. También asume la Presidenta que lo óptimo sería que esa profundización se produzca mediante una modificación formal de los Tratados. Nosotros respaldamos esa posición, teniendo en cuenta que la UE es una Unión de Derecho y lo limitada que ha resultado la profundización por la vía de los hechos consecuencia de la crisis económica y financiera (Guinea 2014), o de la respuesta común a la pandemia (Guinea 2024b).

---

3   Un poderoso argumento político del Consejo para no dar una respuesta al requerimiento formal del Parlamento ha sido la pequeña mayoría que respaldó la citada Resolución, que finalmente solo fue aprobada por 291 votos a favor, recibiendo 274 en contra y 44 abstenciones. Véase el informe de votación en: https://oeil.secure.europarl.europa.eu/oeil/popups/sda.do?id=60683&l=fr. El Parlamento en la anterior legislatura llegó a amenazar con llevar al Consejo al Tribunal de Justicia por su inacción en esta materia.

5. Aspectos materiales de la reforma

En este apartado vamos a abordar de manera concreta y detallada el análisis del fondo de los asuntos que constituyen en este momento el debate sobre la adaptación de la UE para enfrentar la ampliación. Vamos a guiarnos en lo fundamental por los temas identificados por el Consejo Europeo para la hoja de ruta de la reflexión y reforma (2024: 12), que son valores, políticas, financiación y gobernanza. Vamos a alterar el orden de análisis para establecer la importancia que otorgamos a los temas, desde el punto de vista del modelo político europeo.

En cada una de las cuatro áreas, comenzaremos con la exposición de la problemática en cada ámbito, por qué requiere de adaptación de cara a la ampliación, expondremos el debate actual y las propuestas institucionales, incluidos los informes Letta y Draghi[4], y plantearemos también algunas soluciones ofrecidas por expertos y doctrina, cuando estas se han barajado[5]. Estando como está todavía apenas abierto el debate, que no tiene ni un año, y muy abiertos todos los temas, haremos una presentación general, siendo imposible un análisis exhaustivo de todos ellos. Como se verá la reflexión sobre las cuestiones estructurales que afectan al modelo político se encuentran mucho más desarrolladas que aquellas más técnicas y sectoriales relativas a las políticas.

5.1. La protección del modelo democrático europeo: Estado de Derecho y valores fundamentales

Cómo proteger el Estado de Derecho en los Estados miembros y el respeto de los valores fundamentales del artículo 2 del TUE[6] es el desafío fundamental no solo de la futura Unión ampliada, sino también de la actual Unión a 27. Los europeos experimentamos con impotencia cómo la existencia de esta obligación jurídica y política, y los diferentes mecanismos existentes en el Tratado y puestos en marcha por las instituciones no han resultado capaces de evitar la vulneración sistemática de estos valores y la deriva antidemocrática de un Estado como Hungría, que ya no puede considerarse una democracia (Parlamento Europeo 2022: ptos. 3 y 9). Esta situación erosiona la credibilidad de la UE ante sus ciudadanos, Gobiernos nacionales y comunidad internacional; daña la legitimidad de sus decisiones, la eficacia de sus políticas y amenaza sus fundamentos (Franco-German Working Group 2023: 16).

La UE ha ido desarrollando progresivamente una «caja de herramientas» con diversos mecanismos y procedimientos para asegurar el respeto de los valores (Fonseca 2024b). Son el mecanismo constitucional de control y sanción política por el Consejo del artículo 7 del TUE, inefectivo por la falta de voluntad política de los Estados miembros (Martín 2021: 37); la herramienta de promoción del Marco de Estado de Derecho de la Comisión Europea; los mecanismos de condicionalidad presupuestaria, tanto el Reglamento general (Reglamento 2020/2092) como el requisito específico vinculado al Mecanismo de Recuperación y Resiliencia (art. 22 del Reglamento (UE) 2021/241); y, finalmente, el control jurisdiccional ante el Tribunal de Justicia por violación del Tratado, que al actuar una

---

4   Tanto el Consejo como la propia Comisión, para preparar esta legislatura han encargado informes técnicos sobre el estado de la integración económica europea. Son el informe Letta sobre el Mercado Interior (2024) y Draghi sobre competitividad europea (2024), nombrados así por los líderes italianos que han dirigido los respectivos grupos de trabajo. Ambos, desde perspectivas diferenciadas pero complementarias, reflexionan sobre los desafíos, especialmente de naturaleza económica, a los que se enfrenta la UE en el actual entorno internacional, entre ellos la ampliación, y proponen soluciones para abordarlos.

5   No podemos dejar de utilizar como un trabajo de referencia el informe del grupo de trabajo franco-alemán sobre la reforma institucional ante la ampliación, que es la reflexión más exhaustiva y bien fundamentada que se ha publicado hasta la fecha sobre la cuestión (Franco-German Working Group 2023). El grupo estuvo formado por 12 expertos no gubernamentales de los dos países, constituido por encargo de los Gobiernos francés y alemán y presentaron sus resultados al Consejo (Franco-German Working Group 2023: 43). Su trabajo se basó especialmente en entrevistas a representantes de los Estados miembros, como me manifestó personalmente Daniela Schwarzer, una de las coordinadoras. Por ello puede considerarse, a la vez que un informe de expertos, un informe de factibilidad. Su propio título *Sailing on high seas* o «navegando mares turbulentos» ya transmite la idea de lo complejo y delicado que es el tema de la reforma de la UE.

6   El artículo 2 del TUE recoge los valores fundamentales de la UE que todos sus Estados miembros han de respetar. Estos recogen la concepción europea del ser humano, de su organización en sociedad y de su acción política. Explican la naturaleza de la UE y sustentan toda la acción política común. El artículo 2 dice «La Unión se fundamenta en los valores de respeto de la dignidad humana, libertad, democracia, igualdad, Estado de Derecho y respeto de los derechos humanos, incluidos los derechos de las personas pertenecientes a minorías. Estos valores son comunes a los Estados miembros en una sociedad caracterizada por el pluralismo, la no discriminación, la tolerancia, la justicia, la solidaridad y la igualdad entre mujeres y hombres».

vez que se ha producido el daño no evita la erosión del modelo (Steible 2021). Todos ellos no han servido, como decíamos, para frenar el deterioro de Hungría, a pesar de que se acumulan Sentencias condenatorias y sanciones del Tribunal de Justicia y tiene retenidos fondos. Este país ha emprendido una «toma de rehenes» sistemática, vetando decisiones claves en el Consejo, y negocia con su veto para conseguir el acceso a fondos. Se constata, sobre todo, la falta de voluntad de los Estados miembros de utilizar las sanciones del artículo 7 porque «bombero no pisa manguera a bombero» (Fonseca 2024: 107).

En un momento en que, además, nos encontramos con un choque de modelos, democráticos e iliberales, en el entorno internacional y europeo, la protección de nuestros valores y sistema político se convierte en una prioridad (Emerson 2024: 9-10). Nuestros valores y modelo democrático se encuentran preocupantemente amenazados y Europa se ve cada vez más cuestionada en su capacidad de atracción (Macron 2024). La intervención extranjera a través de tácticas híbridas, incluida la extensión de la corrupción, trata de destruir el Estado de Derecho como una vía para romper desde dentro la UE (Franco-German Working Group 2023: 16; Emerson 2024: 13). Se constata como las ideas iliberales se abren progresivamente paso en algunos Estados del Centro y Este de Europa en un proceso que parece imparable y preocupante (Coman y Volintiru 2021) y que causa un deterioro democrático (Emerson 2024: 7).

El propio Consejo Europeo se ha hecho eco de esta preocupación e independientemente de la intención de preparar la Unión para la ampliación, recoge como primer objetivo «Desarrollar una Europa libre y democrática» para lo cual determina clave «defender los valores europeos en el seno de la Unión» y reforzar nuestra resiliencia democrática (Consejo Europeo 2024: 15). Luego, la cuestión de la protección de los valores en la UE supera la dimensión de la ampliación. Es una de las debilidades estructurales que tiene y que es imprescindible reparar con o sin ampliación. Fonseca considera que el hecho de que la hoja de ruta del Consejo Europeo insista sobre los valores anuncia «la perspectiva de un cambio cualitativo en la acción de la UE en materia de protección del Estado de Derecho» (Fonseca 2024: 109).

El retroceso democrático y la quiebra del Estado de Derecho en uno o varios Estados miembros son una amenaza al funcionamiento de la UE por más razones de las que puede parecer a primera vista y que superan las meramente normativas (Guinea, Rodríguez, Sánchez y Palacio 2023: 35-36). En primer lugar, el Derecho de la UE no puede desplegar plenos efectos en ese Estado y garantizar a sus ciudadanos los derechos y beneficios allí contemplados. Segundo, si a eso le sumamos que existan fondos comunitarios retenidos al Estado, aplicando el Reglamento sobre Estado de Derecho o la garantía democrática del Instrumento de Recuperación y Resiliencia, tendríamos además políticas comunes que no llegan a desarrollarse en ese Estado, afectando a la eficacia global de la acción política europea. Tercero, también se ha constatado cómo esa vulneración genera entre los operadores económicos dudas sobre la seguridad jurídica del Estado en cuestión y las propias dinámicas de mercado se restringen, reduciéndose progresivamente la integración de ese Estado en el Mercado Interior.

Cuarto, los fallos en el Estado de Derecho afectan también a la confianza mutua entre los Estados, que terminan dañando fundamentos del Mercado Interior como el reconocimiento mutuo (Letta 2024: 140). En quinto lugar, se comprueba también una conflictividad creciente de ese país tanto con las instituciones comunes como con el resto de Estados miembros, lo que afecta también a la gobernanza de la UE, porque no permite que se generen los consensos y unanimidades requeridas para la aprobación de políticas. Los problemas con el Estado de Derecho, por último, alimentan la corrupción y acaban minando la seguridad y autonomía estratégica de la Unión, toda vez que los Gobiernos corruptos, para mantenerse en el poder, son más proclives a ser sobornados y controlados desde el exterior.

Los valores se convierten en una cuestión clave para la ampliación por la experiencia de 2004-07, en que se demostró que incorporar a la UE países, que aparentemente habían hecho los deberes pero en los que no se habían socializado suficientemente los valores europeos, puede suponer un talón de Aquiles para la integración europea. En las ampliaciones anteriores, los Estados miembros intencionalmente dieron el visto bueno a países que no cumplían con exactitud los criterios de Copenhague por motivaciones geopolíticas y primar el objetivo estabilizador de la ampliación (Anghel y Džankić 2023: 490). La experiencia histórica nos muestra que la UE ha tenido más impacto con sus procesos de ampliación en la transformación económica de los países de la última ampliación que en sus sistemas políticos (Epstein y Jacoby 2014). Y en el actual contexto de competición geopolítica, en que Rusia usa la promoción de la corrupción en Estados terceros como herramienta de control, la protección de los valores y del Estado de Derecho se convierten también en una cuestión de seguridad (Grabbe 2023).

Este problema afecta a la política de ampliación, política que debe, por tanto, reforzarse para asegurar que ese defecto no vuelva a darse, haciendo un seguimiento estricto de las reformas democráticas todo a lo largo de la negociación (Darvas y Grabbe 2024: 5). Parece que existe esa conciencia, dado que la reforma de 2020 da una prioridad especial al capítulo de los fundamentos, condicionándose el cierre de las negociaciones a su respeto estricto (Comisión Europea 2020). A la misma intención apunta la reciente decisión de la Comisión de incorporar al Marco del Estado de Derecho a los países candidatos, que se someterán desde este mismo año a los mismos controles y recomendaciones que los Estados miembros (Comisión Europea 2024: 5). Pero todo culminará en la decisión política final del Consejo de proceder a la ampliación y la aprobación del Parlamento Europeo y aquí es dónde debemos esperar rigor por parte de los decisores para evitar que los valores se supediten a la política internacional. Ya se ha advertido del riesgo de que las motivaciones geopolíticas que hoy parecen imperar y que van a ser fuertemente defendidas por algunas capitales resten exigencia sobre el respeto de los valores, lo que por otra parte también beneficiaría a los Estados miembros incumplidores (Bastasin 2023). Esto, a plazo, generaría un riesgo de desintegración de la UE, ya que si los nuevos no respetan suficientemente los valores, podrían generar en los viejos actitudes proteccionistas y de rechazo frente a ellos, buscando alternativas de cooperación con miembros más afines, que dejen a los nuevos fuera (Karjalainen 2023: 12). Otra propuesta que se puede hacer para reforzar la socialización de los valores es seguir la práctica de Bulgaria y Rumanía para introducir mecanismos específicos de seguimiento donde se hayan visto deficiencias en el modelo democrático una vez que los Estados se hayan incorporado a la UE (Darvas y Grabbe 2024: 8).

Pero también se tiene que abordar el que se conoce como «dilema de Copenhague», es decir, la incapacidad de las instituciones de ejercer poder de coerción sobre sus Estados miembros para que respeten los valores (Mangas 2022: 110). En este sentido, el Informe de la Comisión Europea, después de una larga disertación de cuáles son los valores y por qué son importantes para la UE, relaciona las herramientas que en este momento se tiene para proteger el Estado de Derecho y anuncia la ampliación de los Informes sobre el Estado de Derecho para los candidatos (Comisión Europea 2024: 4-5). Y, aunque concluye con la rotunda frase voluntarista de «De cara al futuro, la UE debe reflexionar sobre cómo reforzar más sus herramientas para garantizar que realmente se defienda el Estado de Derecho de forma constante en toda la UE, más allá de la adhesión» (Comisión Europea 2024: 5), no ofrece ninguna propuesta en ese sentido.

El Informe de la Presidencia belga sobre la opinión de los Estados miembros señala que hay consenso sobre la importancia de los valores y también sobre que la UE cuenta con suficientes mecanismos e instrumentos para protegerlos (Presidencia belga 2024: 4). Aquí no podemos sino manifestar nuestro estupor, dado que contradice lo que días después va a aprobar el Consejo Europeo en su agenda estratégica para la próxima legislatura. No obstante, más adelante, admiten que se puede reflexionar sobre cómo «reforzarlos» o «aclarar su aplicación», específicamente en este caso en relación al artículo 7 (Presidencia belga 2024: 4). Sobre este mecanismo constitucional añaden que «No se considera conveniente una revisión de los Tratados a este respecto» (Presidencia belga 2024: 4). No nos sorprende demasiado esta última afirmación, dado que los Estados miembros siempre se han mostrado muy incómodos respecto a la aplicación del artículo 7, por los conflictos que genera entre ellos el control del respeto de los valores y que luego dificulta el funcionamiento del Consejo. Y también se oponen a la reforma de los Tratados.

El Parlamento Europeo (2024) aborda esta cuestión en su Resolución sobre la ampliación con dos propuestas ambiciosas y muy claras. La primera propone la reforma del artículo 7 del TUE y se inspira para ello en el proyecto de reforma de los Tratados que había aprobado un año antes (Parlamento Europeo 2023b: pto. 18). Pide que se elimine la unanimidad en las decisiones del Consejo, se establezcan unos plazos claros para la decisión y que se atribuya al Tribunal de Justicia la función de árbitro ante posibles violaciones (Parlamento Europeo 2024: pto. 33). Nos parecen muy adecuadas las tres propuestas. La eliminación de la unanimidad menos uno tiene la finalidad de incrementar la eficacia del mecanismo y evitar que un Estado pueda cubrir la espalda a otro, como pasó entre Hungría y Polonia. La previsión de plazos pretende evitar que el Consejo pueda dilatar *sine die* la toma de postura, como ha ocurrido. Y dar competencia al Tribunal de Justicia no solo incrementará la eficacia del mecanismo, sino también la protección de todas las partes interesadas. La segunda propuesta tiene naturaleza legislativa, exigiendo que se amplíe el mecanismo de la condicionalidad financiera a la protección de todos los valores del artículo 2, y no solo al Estado de Derecho (Parlamento Europeo 2024: pto. 33). También nos parece una petición viable y útil en la medida en que permitirá proteger otros elementos del funcionamiento democrático o evitará la regresión de derechos humanos.

Las instituciones, como hemos visto, coinciden en la insatisfacción con la protección de los valores, poniendo todas ellas esta cuestión en un lugar destacado de la reforma necesaria de cara a la ampliación, pero difieren en las soluciones. Como el Parlamento, consideramos imprescindible la reforma del Tratado para reforzar el artículo 7 en el sentido de obligar al Consejo a pronunciarse, una vez que el procedimiento sea activado, y la adopción de decisiones por mayorías supercualificadas (Guinea, Rodríguez, Sánchez y Palacio 2023: 36). Pero, con De Witte, queremos recordar que hay un enorme margen de mejora en la actual aplicación del artículo 7 a través de la elaboración que un catálogo de definiciones, criterios y estándares en relación a cada uno de los valores y la fijación de umbrales respecto a qué se entiende por riesgo y por violación que van a permitir una monitorización uniforme para todos los Estados miembros (De Witte 2019: 25).

Como el Informe Letta (2024) trata sobre el reforzamiento del Mercado Interior no tenemos referencias al modelo político y respecto a cómo mejorar la protección de los valores. En su apartado sobre la ampliación, sí advierte que los valores de la democracia, el Estado de Derecho, los derechos humanos y los derechos de las minorías son innegociables y que se encuentran crecientemente debilitados por presiones internas y externas y que han de ser firmemente defendidos por todos los Estados miembros (Letta 2024: 13). Como única propuesta defiende que la integración progresiva previa a la adhesión de los candidatos ha de estar condicionada a la plena adhesión de estos Estados a los valores del artículo 2 (Letta 2024: 13). Es una sugerencia en definitiva para utilizar como palanca el deseo de estos países por beneficiarse de su integración en el Mercado para exigir resultados en términos de transformación democrática. Pero, más allá de la política de ampliación, no hay propuestas sobre el reforzamiento de su protección. El Informe Draghi (2024) también por su naturaleza económica, tampoco trata esta cuestión. Se obvia el hecho que antes planteábamos de cómo los problemas con el Estado de Derecho terminan produciendo una fragmentación del Mercado Interior.

El informe franco-alemán hace dos recomendaciones. La primera hace referencia a la utilización del presupuesto comunitario como herramienta de presión. Proponen, por una parte, la ampliación del ámbito de aplicación del Reglamento sobre condicionalidad presupuestaria, no teniendo que demostrar que exista un vínculo directo entre el comportamiento del Estado y el daño al presupuesto, sino que se le dé forma de mecanismo de sanción general por violación de los valores del artículo 2 de manera más automática y preventiva (Franco-German Working Group 2023: 16)[7]. Se hace una segunda propuesta, que tiene el máximo interés, y es que, copiando lo que se hizo con el Instrumento de Recuperación y Resiliencia, se introduzca en el futuro con carácter general en toda regulación financiera una cláusula general que permita que la Comisión pueda no asignar fondos si no se cumplen los estándares del Estado de Derecho (Franco-German Working Group 2023: 17). A nuestro juicio, la ventaja de esta segunda modificación está en su carácter preventivo y no solo sancionatorio. Así, no hay que esperar a que se produzca y acredite un daño, sino que se pueden utilizar los fondos para promover políticas que mejoren los estándares de cumplimiento de los valores del artículo 2 (De Witte 2019: 27).

La segunda recomendación del grupo franco-alemán versa sobre la reforma del artículo 7 en el sentido de facilitar la decisión y evitar la inacción del Consejo (Franco-German Working Group 2023: 17). En el primer sentido, proponen sustituir la unanimidad menos uno, que rige hoy por una mayoría de cuatro quintos en el Consejo Europeo. En el segundo proponen la obligación de que el Consejo y el Consejo Europeo se pronuncien en el plazo de seis meses desde que se inició el procedimiento. Además, añaden una automaticidad de las sanciones, después de cinco años de lanzado el procedimiento, si el Consejo no se pronuncie y siguiera existiendo la violación. Las sanciones se incrementarían diez años después (Franco-German Working Group 2023: 17). Estas dos últimas disposiciones respecto a la automaticidad de las sanciones no nos acaban de convencer. Parece que dejar transcurrir cinco o diez años ha tenido que causar un deterioro considerable en la estructura democrática del Estado miembro. Y, si además, el conjunto de sanciones adoptadas antes, incluidas las financieras, no tienen efectos, poco remedio y utilidad tendrá continuar con ellas. Parece más necesario ir por otros caminos.

Y otro camino parece que explora, si bien muy tímidamente, el informe al afirmar que «*at a certain level of persistency and gravity of violations, countries can no longer remain an EU Member State*» y sugerir que quizás deban buscar una forma de asociación menos integrada (Franco-German Working Group 2023: 17). De manera indirecta y muy

---

7   Se advierte que esto puede no resultar fácil, dado que hay que recurrir a otra base jurídica, la del 352 TFUE que requiere de unanimidad. También proponen una reforma del Tratado para incluir este mecanismo general de sanción, lo que es todavía políticamente más complejo (Franco-German Working Group 2023: 16).

sutil se está abriendo el debate de si la UE ha de incluir en sus Tratados una cláusula de expulsión, cuando un Estado miembro ya no sea capaz de cumplir con las condiciones de pertenencia. Este es un debate muy delicado con profundas implicaciones políticas por su afectación a los ciudadanos que serían dos veces víctimas y que tendría que regularse con sólidas garantías jurídicas. Pero no está de más recordar que organizaciones internacionales de nuestro entorno e ideario similar como el Consejo de Europa prevén esta posibilidad. Y puede tener una gran utilidad para presionar y reconducir los comportamientos de los Gobiernos con tentaciones autoritarias.

Coincidimos en que es posible que no se encuentre un consenso entre todos los Estados miembros sobre este reforzamiento de exigencias, dada la composición política de algunos Gobiernos. De ahí que nos parezca interesante la propuesta de que una coalición de Estados miembros, con una preocupación especial, pongan en marcha una cooperación reforzada para poner en marcha un «grupo Estado de Derecho» como pasó durante la crisis con las reglas fiscales (Kribbe y van Middelaar 2023: 10). En caso de *impasse* en esta cuestión, esa iniciativa tendría la utilidad de mostrar el compromiso de una mayoría de Estados miembros con los valores europeos y el potencial arrastre que puede tener sobre aquellos candidatos que quieran demostrar un compromiso firme y convincente con el proyecto europeo. Mejor hacer algo entre algunos, que no hacer nada.

5.2. Permitir que la UE siga funcionando: adaptaciones al sistema institucional y revisión de las reglas de decisión

El segundo gran tema en orden de importancia, tiene que ver con la UE pueda seguir funcionando con el incremento de nuevos Estados miembros y tomar decisiones de manera ágil, teniendo en cuenta que, al final de esta oleada de ampliación, pasaría de contar con 27 Estados miembros a 36[8]. No vamos a abordar aquí los problemas de legitimidad y eficacia que ya experimenta el sistema institucional europeo y que están en el núcleo de los debates sobre la reforma de la Unión no vinculados a la ampliación y que hemos analizado en otra parte (Guinea 2023). El sistema institucional no ha de revisarse solo en aras de la eficacia, criterio fijado para estimar la capacidad de absorción, como veíamos, sino también para garantizar una representación política equitativa a la totalidad de Estados miembros y, por tanto, el carácter democrático de la toma de decisiones europea (Guinea, Rodríguez, Sánchez y Palacio 2023: 37). Esto exigirá que se tenga que reconsiderar la composición de las diferentes instituciones, el cálculo de voto en el Consejo, las reglas de decisión en esta última institución y procedimientos para hacer que la UE avance aún cuando no consiga reunir a todos los Estados miembros.

Comenzaremos por analizar la representación política de los nuevos en las instituciones, que no hay que olvidar que, en el caso de la gran ampliación, obligó a celebrar hasta tres revisiones de los Tratados –Amsterdam, Niza y Lisboa–. Los informes institucionales, salvo la Resolución del Parlamento (2024), no abordan la cuestión de la adaptación de la composición de las instituciones a la ampliación. Esto se debe a que existen en el Derecho de la UE mecanismos y ajustes para proceder a las adaptaciones necesarias y que no se ve necesario todavía un debate sobre el cambio del *statu quo*. El informe del grupo de expertos franco-alemán, por su parte, sí es exhaustivo en esta dimensión (Franco-German Working Group 2023: 18-27).

Parece, a primera vista, que compartir el poder político en la Unión con más Estados reduce el peso político relativo de los actuales miembros. Sin embargo, un cálculo básico muestra que el impacto de la adhesión de estos nueve miembros en la pérdida de poder político no va a ser muy relevante (Guinea, Rodríguez, Sánchez y Palacio 2023: 38). El peso político en la UE se mide por la población de los Estados y, con la excepción de Ucrania, los de la ampliación son Estados poco poblados[9]. En total, la UE incrementaría su población en 63.5 millones de habitantes,

---

8 Por razones de espacio y de complejidad y porque no hay suficiente debate y material, no vamos a estudiar en este apartado la cuestión de la incorporación gradual de los Estados candidatos a las instituciones.

9 De acuerdo con la información provista por Eurostat (2023), el Estado más pequeño es Montenegro, con una población aproximada de unos 616.000 habitantes, que puede ser categorizado como Estado diminuto, si aplicamos las categorías que se suelen utilizar para analizar el peso de los Estados miembros. Le seguirían seis Estados pequeños: Macedonia del Norte con 1.8 millones; Kosovo con 1.7; Moldavia con 2.5; Albania con 2.8; Bosnia-Herzegovina con 3.5; y, finalmente, Georgia con 3.7 millones. Serbia puede ser considerada un Estado mediano-pequeño con sus 6.9 millones de habitantes. Y Ucrania es un Estado grande, aunque en este momento se tienen dificultades para estimar su población real. En 2022 antes del conflicto contaba con 41 millones; hoy se estima que pueden ser en torno a 37 por el desplazamiento de refugiados a otros países.

solo 4 millones más de los que tenía hasta 2020, antes de que se produjera el Brexit. Luego, los Estados miembros volverán a tener una posición política similar global a la que tenían antes del Brexit. Pero, sí se verá alterado el equilibrio entre Estados grandes, medianos y pequeños (Kribbe y van Middelaar 2023: 5), porque entra una mayoría de pequeños, lo que puede afectar a la regla de cálculo de la mayoría cualificada y las minorías de bloqueo. Como es evidente que las adhesiones se producirán en pequeñas oleadas y espaciadas a lo largo del tiempo, a diferencia de lo que ocurrió en 2004, esa adaptación no tiene por qué ser traumática.

A medida que se vayan aproximando las ampliaciones, los Estados miembros tendrán que aprobar por unanimidad el número de escaños que recibirán los nuevos Estados en el Parlamento Europeo y en los Comités -Económico y Social y de las Regiones-, lo que tendrá que constar en los Tratados y Actas de Adhesión. En el caso del Parlamento, la práctica suele ser asimilar a los nuevos miembros a Estados actuales con parecida población y otorgarles el mismo número de escaños. El TUE dispone en su artículo 14.2 que el Parlamento no superará el número de 751 escaños. Después del Brexit, se decidió no repartir la totalidad de escaños que el Reino Unido dejaba vacantes, estando en la actualidad repartidos 720, dejando 31 libres para los futuros miembros (Decisión 2023/2061). Coincidimos con los expertos francoalemanes que no es conveniente ampliar el tamaño de la Asamblea para no mermar su eficacia (Guinea, Rodríguez, Sánchez y Palacio 2023: 38; Franco-German Working Group 2023: 18).

Es difícil suponer en este momento quienes pueden ser los primeros en adherirse, pero en la ficción de que fueran Montenegro, Albania y Macedonia no haría falta aún ajustar la representación del resto de Estados miembros. Pero en el momento en que se les sumara un cuarto Estado mayor como Serbia o que discutamos la adhesión de Ucrania ese nuevo reparto sí tendría que producirse. Y aquí habrá inevitables tensiones pues los Estados lucharán por perder el menor peso político posible. Los expertos francoalemanes, al igual que el Parlamento Europeo, recomiendan que se adopte una nueva fórmula de reparto que equilibre representatividad con la necesidad de reducir distorsiones demográficas (Franco-German Working Group 2023: 19; Parlamento Europeo 2024: 36). Se ha propuesto, incluso, una fórmula concreta que permite incrementar el pluralismo del Parlamento, junto con una representación democrática más ajustada (Müller 2024). Para ello no hace falta tocar el Tratado, pues el artículo 14.2 del TUE, prevé que la asignación de escaños sea aprobada por el Consejo Europeo por unanimidad. Los Comités sí tienen en este momento repartidos sus 350 escaños entre la totalidad de Estados miembros y tendrían que reestructurarse incluso a partir de la primera ampliación, pero como son solo consultivos, no es una cuestión políticamente sensible.

La incorporación de nuevos Estados a la Comisión, en teoría, no plantearía problemas, porque la actual representación es equitativa, un comisario por Estado miembro. Pero es fundamental llamar la atención sobre el hecho de que un ejecutivo de 33 o 36 miembros es absolutamente inmanejable y que esto solo fortalece el cesarismo del Presidente de la Comisión (Kribbe y van Middelaar 2023: 6). En este punto, en aras de la eficacia, venimos defendiendo con otros la reducción de la Comisión, tal y como está previsto en el artículo 17.5 del TUE (Guinea, Rodríguez, Sánchez y Palacio 2023: 40; Franco-German Working Group 2023: 19; Parlamento Europeo 2024: pto. 38) y que no se ha aplicado por los recelos irlandeses y de los Estados más pequeños a un ejecutivo en el que no están representados. Sabemos que este ajuste, con una mayoría de Estados pequeños, va a ser verdaderamente difícil, pero ha de intentarse en aras de la cohesión, la coordinación y la eficacia. Ha de aprobarse para ello un sistema de turnos que trate a todos los Estados por igual, y puede considerarse también la compensación de los que se queden fuera con nombramientos en puestos políticos claves, como Directores Generales o dirección de agencias claves. Otra opción que se sugiere para mejorar la eficacia de la Comisión sin reducirla es establecer una diferenciación jerárquica clara entre «comisarios principales» y «comisarios» (Franco-German Working Group 2023: 20).

En lo relativo a los ajustes a los que han de enfrentarse el Consejo Europeo y el Consejo es donde, en este momento, se centralizan todos los debates. Hay una dimensión que está pasando desapercibida y es el hecho de si tienen que revisarse los actuales umbrales que definen la mayoría cualificada (Guinea, Rodríguez, Sánchez y Palacio 2023: 41). Esta regla –55% de Estados que reúnan a un 65% de población– fue cuidadosamente calculada en el seno de la Convención para evitar que un grupo de Estados miembros pudiera imponer una decisión a los demás con la finalidad de que toda decisión tuviera que ir respaldada por una amplia coalición de intereses diversos. Dado que, con esta oleada, cambian los equilibrios de Estados, esos umbrales deberían valorarse y testar si sigue cumpliendo con su misión (Franco-German Working Group 2023: 22). Indudablemente, en aras de la eficacia, tiene que reconsiderarse la minoría de bloqueo del artículo 16.4 del TUE que permite que solo cuatro Estados miembros puedan evitar una decisión y que permitirían que un pequeño interés impidiera actuar a los demás. Como está recogido en el Tratado, haría falta revisar este.

En la cuestión de la eficacia de la decisión y en las reglas de votación del Consejo es donde se ha focalizado la mayor parte del debate actual. Se argumenta con toda la razón que decidir por unanimidad entre 33 o 36 miembros, que además van a incrementar la heterogeneidad de la UE, es condenarla a la inacción por lo que debe adoptarse la mayoría cualificada como regla general. La unanimidad también es profundamente injusta y antidemocrática, dado que otorga el mismo peso a un Estado que sume más de 80 millones de habitantes que a otro de apenas 400.000. Encierra un gran peligro para la independencia política de la UE, toda vez que permite que Estados terceros, a partir de cultivar relaciones especiales con un único miembro del Consejo puedan controlar desde dentro el proceso de decisión europea, es la estrategia conocida como «caballos de Troya» (Orenstein y Kelemen 2017). El veto que lleva aparejado la unanimidad, en manos de Estados poco leales, se convierte también en una poderosa arma de chantaje contra los demás, como lo atestigua el actual comportamiento de Hungría, que se encuentra realizando «tomas de rehenes» sistemáticas en cuestiones variadas para obtener a cambio la liberación de fondos (Élteto, A. & Szemlér, 2023). Se constata que, en la actualidad, se produce un mayor recurso al veto que en etapas anteriores (De Witte 2019: 16), lo que no deja de ser preocupante, pues es un signo de menor compromiso de los Estados miembros con la Unión.

No obstante, la unanimidad protege la soberanía y el interés nacional y por ello es férreamente defendida por los Estados miembros, especialmente por aquellos Gobiernos más nacionalistas (Bastasin 2023). El Tratado de Lisboa incluye cláusulas que prevén que el Consejo pueda decidir por mayoría cualificada en el ámbito de la PESC (art. 31.2 TUE) o para pasar otras decisiones del Consejo por unanimidad a mayoría cualificada, en lo que se conocer como «pasarelas» (art. 31.3 y 48.7 TUE respectivamente). En los últimos diez años hemos conocido un buen número de iniciativas institucionales o gubernamentales pidiendo la activación de esos mecanismos, pero todas han fracasado (entre otros Comisión Europea 2018; von der Leyen 2020; Group of Friends on Qualified Majority Voting 2023). Y hay que señalar que el dilema no está solo entre unanimidad y mayoría cualificada, con la amenaza que puede suponer para los intereses nacionales, sino que se pueden encontrar estadios intermedios como mayorías supercualificadas, que requieran altos umbrales de apoyo o permitir «frenos de emergencia», es decir, que un Estado pudiera paralizar una decisión por mayoría cualificada por causa de un relevante interés nacional y enviarla al Consejo Europeo para que decida por consenso (Franco-German Working Group 2023: 22).

Para intentar desbloquear el uso de las pasarelas el grupo de expertos francoalemán plantea una interesante propuesta: crear tres paquetes distintos de políticas para pasar a mayoría cualificada, formar una base para una transición gradual en cada grupo hacia la mayoría cualificada y negociar los tres paquetes de manera simultánea (Franco-German Working Group 2023: 21-22)[10]. Y el grupo académico de apoyo de los Amigos de la Mayoría Cualificada presenta otras interesantes propuestas complementarias para acallar los temores de los Estados miembros a la pérdida de soberanía: un compromiso al estilo de Ioannina de extender la discusión hasta resolver las preocupaciones legítimas que pudiera plantear un Estado miembro y acompañar la mayoría cualificada de un veto colectivo, en manos de al menos tres Estados miembros (Becerril, Bendiek, Jokela *et alia* 2024: 228).

Para de Witte el mantenimiento de la unanimidad constituye una importante amenaza para la UE tras la ampliación, por lo que propone al Parlamento Europeo que condicione su aprobación a los Tratados de Adhesión a avances en materia de mayoría cualificada (2019: 28). No obstante, hay que recordar que en el área de la PESC el verdadero problema no lo constituye la unanimidad, sino la falta de competencias y vinculatoriedad jurídica, por tratarse de un área intergubernamental. No hay que poner, por tanto, todas las esperanzas del avance de la UE como actor internacional en el modo de decisión, pues su influencia es limitada (Navarra y Jančová 2023: 91).

Es en esta cuestión de la unanimidad y la tensión entre soberanía y eficacia es en la que se ha focalizado la mayor parte de la reflexión institucional. Así, para la Comisión este es el mayor problema actual de gobernanza, que en una Unión con más miembros «será aún más difícil de alcanzar» (Comisión Europea 2024: 22). Recoge los esfuerzos que la propia Comisión ha hecho en fechas recientes por intentar activar las pasarelas pero que se han revelado como infructuosos. Aquí sí tenemos propuestas. Por una parte, considera combinar la activación de las pasarelas

---

10   Los tres grupos de políticas serían ampliación y Estado de derecho; política exterior y defensa; y políticas fiscales e impositivas. Advierten que para avanzar en defensa es preciso modificar el Tratado.

con «salvaguardias apropiadas y proporcionadas» para proteger los intereses estratégicos nacionales. Por la otra, propone que se recurra a la cooperación reforzada o diferenciación con carácter generalizado, aunque «las políticas centrales y los principios y valores sigan siendo compartidos y respetados por todos los Estados miembros» (Comisión Europea 2024: 22).

El Informe de la Presidencia belga, que recordamos que expone el punto de vista de los Estados miembros, solo entra a fondo en la cuestión del procedimiento de toma de decisiones. Aboga por un «enfoque pragmático», en que la UE mantenga y mejore su capacidad de actuación y funcionamiento interno recurriendo a las «flexibilidades y posibilidades» de los Tratados (Presidencia belga 2024: 6). Los Estados miembros, por tanto, no están dispuestos de ninguna manera a comprometerse con una revisión de los Tratados. Se añade que hay cierto apoyo a la posibilidad de ampliar el recurso a la votación por mayoría cualificada «en algunos (subcampos temáticos de) ámbitos de actuación (como la PESC, las políticas sociales, la fiscalidad y el mercado interior)» mediante el uso de pasarelas con un mecanismo de acompañamiento para preservar los intereses vitales de los Estados miembros (Presidencia belga 2024: 6). Esta redacción alambicada nos hace entender que ampliar la mayoría cualificada mediante pasarelas no se contempla para políticas en su conjunto, sino que el debate está más bien en ir identificando determinadas decisiones concretas. Y que aceptarían el paso a la mayoría cualificada solo si se previera en paralelo un «freno de emergencia» para proteger la soberanía nacional.

Los Estados miembros defienden mantener la unanimidad en la PESC y acompañarla de un «mayor recurso a la abstención constructiva» (Presidencia belga 2024: 6). Parece que no se prevé este tipo de abstención en otros ámbitos como mecanismo de facilitación de la unanimidad, aunque según el Tratado es posible[11]. También como medida para mitigar el recurso a la unanimidad se propone un compromiso político sobre el veto, en que los Estados miembros aceptarían recurrir a él solo en caso de «motivos vitales y explícitos de política nacional directamente relacionados con el acto específico en cuestión, en consonancia con el principio de cooperación leal» (Presidencia belga 2024: 6). Está claro que pretende evitar las «tomas de rehenes» pero parece una previsión un tanto ingenua, de poca utilidad ante casos de Estados oportunistas como Hungría, que no saben qué es la cooperación leal del artículo 4.2 del TUE. En la misma línea también se plantea que los Estados miembros tengan que explicarse cuando ejerzan el veto (Presidencia belga 2024: 6). La finalidad de esta previsión es ejercer presión política sobre el obstaculizador, que tenga que retratarse en la explicación, pero otra vez nos parece una débil palanca para agilizar la decisión.

De todo ello se concluye que los Estados miembros están por mantener la unanimidad, lo que nos deja con el problema actual, que se verá incrementado por la ampliación. Siguen priorizando la soberanía sobre la capacidad de acción de la Unión. Y anticipamos que cualquier avance en este sentido es improbable, dado cualquier uso de pasarelas pasa por el consentimiento de todos los Estados miembros y nos encontramos en un momento en que las fuerzas políticas nacionalistas están al alza en Europa. Aunque el informe de la Presidencia se centra en la decisión, al final del informe se incluyen otras dimensiones institucionales que han de trabajarse en el futuro (Presidencia belga 2024: 10). Estos son los métodos de trabajo de las instituciones, la integración gradual de los candidatos, con derechos y obligaciones específicos en cada etapa y su posibilidad de reversibilidad, y el reforzamiento de la flexibilidad o las cooperaciones reforzadas como método de funcionamiento de la UE.

El Parlamento Europeo es la institución que en su Resolución hace un estudio más detallado de las adaptaciones y reformas institucionales necesarias para permitir la adhesión (2024). Respecto a la decisión en el Consejo aboga por procedimientos de decisión simplificados que no exijan unanimidad y elabora un listado de ámbitos que deberían ya decidirse por mayoría cualificada (Parlamento Europeo 2024: pto. 32). Para garantizar la capacidad futura de la Unión de integrarse en nuevos ámbitos aboga por el empleo de la cooperación reforzada, si bien esta no puede nunca afectar a los fundamentos y las obligaciones de la membresía (Parlamento Europeo 2024: pto. 34). Aborda su propia composición, abogando por que se repiense el número total de escaños y la asignación entre Estados miembros, teniendo en cuenta a la vez el peso político que tengan en el Consejo (Parlamento Europeo 2024: pto. 36). Respecto al Consejo, con muy buen criterio propone que se repiensen las Presidencias rotatorias, que se valoren los umbrales de la mayoría cualificada para reequilibrar las relaciones entre grandes y pequeños y

---

11 Es preciso recordar que el artículo 238.4 del TFUE contempla también la abstención constructiva para cualquier decisión por unanimidad del Consejo, afecte al ámbito que sea. Ese apartado dispone que «Las abstenciones de los miembros presentes o representados no impedirán la adopción de los acuerdos del Consejo que requieran unanimidad».

que se consideren supermayorías cualificadas para temas delicados (Parlamento Europeo 2024: pto. 37). Respecto a la composición de la Comisión, sugiere de una manera críptica que habría que considerar su reducción[12], si bien garantizando la representación geográfica (Parlamento Europeo 2024: pto. 38). Y también llama a la necesidad de reforzar los instrumentos de participación ciudadana (Parlamento Europeo 2024: pto. 39), propuesta positiva para mejorar la calidad democrática europea.

El informe Letta, centrado únicamente en el Mercado Interior presenta un enfoque prudente y solo pide del Consejo Europeo «reformas» (2024: 144). El informe de Draghi (2024), por su parte, resulta más ambicioso, tanto en su alcance, como en sus propuestas. Draghi respalda la necesidad de que se produzca una revisión de los Tratados para abordar las ineficiencias actuales de la gobernanza de la UE (Draghi 2024: 14). Pero asumiendo que es un proceso muy pesado, y, en este momento, inviable, propone que se comience por cambios limitados, posibles en el marco de los Tratados, que permitan que la UE se mueva hacia delante en torno a tres objetivos: refocalizar la acción de la UE, acelerar la integración y simplificar la regulación (Draghi 2024: 63). Esa estrategia pragmática que propone se articularía en torno a la utilización de la mayoría cualificada, posible por las pasarelas, y el recurso a las cooperaciones reforzadas (Draghi 2024: 315). Draghi, igual que muchas de las sugerencias anteriores que intentan evitar la revisión del Tratado, nos parece voluntarista, porque no tiene en cuenta la cantidad de años que llevamos atrapados en este debate de la extensión de la mayoría cualificada y los nulos avances que se han producido. Solo puede considerarse seriamente la reducción de la unanimidad en el marco de una gran reforma, en que los Estados obtengan ganancias concretas a cambio de la cesión de sus derechos soberanos.

5.3. La financiación de la Unión: aportaciones de los Estados miembros, nuevos recursos propios y deuda común

Todas las oleadas de ampliación han tenido un impacto muy marcado en el presupuesto de la UE, yendo siempre acompañadas de una reforma y reorientación del gasto. La última gran ampliación fue acompañada de la «Agenda 2000» (Aldecoa 2002: 337), gran reforma del presupuesto y del gasto para dar cabida a los doce nuevos miembros. Incluso una ampliación concreta puede generar una situación estructural nueva a la que se tenga que dar respuesta con políticas diferentes que implican gasto común que antes no existía. Así, por ejemplo, la adhesión de Portugal y España, que se sumaba a la de Grecia unos años antes, supuso el comienzo de la Política de Cohesión en 1987 con la aprobación del «Paquete Delors 1», que pretendía reducir la diferencia de desarrollo de estos países del Sur respecto a los nueve restantes (Aldecoa 2002: 121-128). En el momento actual, existe una propuesta de Letta en este sentido, que propone crear una «Facilidad de Solidaridad ante la Ampliación» para compensar a los actuales Estados miembros y sectores que sufran dramáticamente el impacto de la adhesión de los nuevos (2024: 139). Sería una nueva política compensatoria pero para los actuales, no los nuevos y puede intuirse como su finalidad es contrarrestar el rechazo que entre la población europea pueda generar la ampliación. Esto cobra sentido después de la experiencia que se ha tenido con el malestar de los agricultores por la entrada de los productos agrícolas ucranianos en el Mercado Interior.

Y las ampliaciones no solo exigen la adaptación del gasto, sino que también pueden afectar al tamaño global del presupuesto y plantear la necesidad de generar nuevos ingresos adicionales. Con más Estados se incrementa el importe total de las políticas comunes de gran impacto, como la Política Agrícola Común o la Política de Cohesión Económica, Social y Territorial[13]. La previsión, además, de la integración gradual de los candidatos en las políticas comunes requerirá de las correspondientes previsiones financieras para soportar el mayor número de beneficiarios.

---

12   La redacción exacta del punto es una obra de arte de la ambigüedad calculada, se entiende que para no dañar las sensibilidades de los eurodiputados procedentes de países pequeños: «Observa que la composición de la Comisión debe tener en cuenta la ampliación y recuerda, a este respecto, la flexibilidad prevista en el Tratado de Lisboa; destaca que cualquier reevaluación de la práctica de nombrar a un comisario por cada Estado miembro debe garantizar una composición geográficamente equilibrada de la Comisión» (Parlamento Europeo 2024: pto. 38).

13   En el momento actual se sigue destinando más un menos un tercio del presupuesto global para financiar la cohesión, y un poco menos para la PAC. El tercio restante se dedica al resto del gasto total UE, incluyendo las políticas transformadoras y las que buscan la autonomía estratégica.

Cuando se da una gran diferencia en el desarrollo de los nuevos y los antiguos, el esfuerzo en convergencia y los fondos a invertir tienen que ser mucho mayores y tampoco podemos esperar que sean contribuyentes relevantes al presupuesto.

En el caso de los nueve actuales países en proceso de adhesión, nos encontramos con que las diferencias en desarrollo con la media de la UE son muy muy sustanciales, incluida la Ucrania de antes de la guerra[14]. Por ello, tanto el apoyo de preadhesión como la cohesión posterior requerirá de un gran esfuerzo financiero para poder lograr la convergencia. Y todo ello sin tener en cuenta el gran desafío que supone la reconstrucción de Ucrania, con la que la UE ya se ha comprometido firmemente (Consejo Europeo 2023: 4; Parlamento Europeo 2023a: pto. 9), que requerirá un salto cualitativo en la financiación. El coste de esta operación todavía resulta imposible de cuantificar, dado que el conflicto sigue en curso, no sabemos cuánto va a durar y en qué destrucción final resultará[15]. Junto al gran impacto en gasto hay que considerar otro efecto de la ampliación sobre el presupuesto: bajará la renta media europea por lo que algunos de los Estados que al día de hoy son beneficiarios netos se van a convertir en contribuyentes netos, lo que va a dificultar notablemente las negociaciones presupuestarias.

En el momento actual la financiación constituye uno de los grandes debates relativos al futuro de la UE. La ampliación es uno de los factores que inspira esta reflexión, pero no el principal ni el único. Existe un amplio consenso entre observadores y doctrina sobre que el presupuesto comunitario ni es suficiente, ni tiene sentido en el momento actual, estando muy anticuado, al destinarse en su mayoría a financiar políticas como la agrícola o la cohesión (Buti 2023)[16]. El actual entorno geopolítico, la necesidad de invertir en seguridad, el objetivo de recuperar competitividad, la decisión de hacer política industrial con inversión común, la necesidad de impulsar la innovación o las transiciones verde y digital también empujan en el sentido de una profunda reforma (Comisión Europea 2024: 20). La nueva agenda estratégica del Consejo Europeo (2024) ratifica este giro en la línea de acción política: ahora se quieren desarrollar políticas desde el nivel UE que tienen la finalidad de transformar los Estados para enfrentar los desafíos de la globalización.

En su amplio y detallado informe sobre cómo puede recuperar la UE su competitividad perdida, Draghi hace un listado impresionante de las nuevas políticas que ha de hacer la UE: innovación, inversión y política industrial, descarbonización, competitividad empresarial y políticas comunes de seguridad, y muy especialmente de defensa (2024a: 3). Dictamina que las reformas, políticas e inversiones que se necesitan requieren de entre 750.000 y 800.000 millones de euros, es decir, el equivalente al 4.4-4.7% del PIB de la UE (Draghi 2024a: 59). Aunque defiende que para cubrir esa brecha hay que recurrir también a movilizar inversión privada, eso no evita que recomiende no sólo un incremento sustancial del presupuesto sino también su reforma estructural para ser más eficientes, e incluso volver a recurrir a la deuda común europea para reunir ese inmenso capital (Draghi 2024a: 59).

Y más gasto requiere, indudablemente, de nuevos ingresos. Hay un amplio consenso de que esas nuevas políticas requerirán de un presupuesto mayor del que ha tenido tradicionalmente la UE (Franco-German Working Group 2023: 32), que si excluimos los fondos postpandemia no alcanza ni al 1% del PIB. Existe también la convicción de que hay que superar el modelo de que el presupuesto de la UE salga prácticamente en su integridad de los presupuestos nacionales, buscando ingresos de otras fuentes. Existe aquí el precedente de los fondos Next Generation, instrumento de crisis que se ha financiado con recurso a deuda pública común europea, lo que ha supuesto un salto adelante federalizador para la UE (Guinea 2024b: 190-194). Pero alemanes y neerlandeses aprobaron aquello por las circunstancias excepcionales de la crisis postpandémica, con la condición de que fuera para una única vez, y ahora se oponen a que vuelva a utilizarse el recurso de la emisión de deuda común.

---

14 El PIB per cápita medio de la UE en 2022 estaba en 35.220 euros, mientas que el Estado más rico de los candidatos es Serbia con 8.920, le sigue Montenegro que tiene un PIB per cápita de 8.000 euros, y a continuación está Albania con 5.490 y Macedonia del Norte con 5.240. Ucrania, antes de la guerra tenía 4.077 euros de PIB per cápita (Eurostat 2023).

15 En febrero de este año Naciones Unidas hacía público el coste estimado de la reconstrucción de Ucrania que estaba en 486.000 millones de dólares (United Nations- Ukraine 2024). Si tenemos en cuenta que, según los datos de Eurostat el PIB de Ucrania, antes de la guerra, era de 168.700 millones de euros, podemos ver fácilmente que la reconstrucción requerirá más del triple de lo que era capaz de producir anualmente con anterioridad al conflicto. Sobre la compleja materia de la reconstrucción de Ucrania, véase Akhvlediani (2024) y Emerson (2023).

16 También hay que recordar que hay que comenzar la devolver el capital de la deuda pública europea creada para financiar el programa *Next Generation* a partir de 2026.

La reflexión sobre una reforma estructural del presupuesto ha empezado en 2023 con una Comunicación de la Comisión sobre los ingresos de la UE, donde se proponen un conjunto de recursos propios nuevos para financiar el presupuesto (European Commission 2023a). Proponen incorporar ingresos procedentes del impuesto de comercio de emisiones (ETS), el mecanismo de ajuste en frontera del carbono (CBAM), parte de los beneficios residuales de las multinacionales que se asignarán a los Estados según el acuerdo de la OCDE y un recurso propio estadístico vinculado al sector empresarial. La Comisión ha recibido el mandato de presentar, a más tardar, para el 1 de julio de 2025 su proyecto de Marco Financiero Plurianual para el periodo 2028-2035 (Consejo Europeo 2024: 12). Este ya ha de contener no solo las propuestas innovadoras en materia de recursos propios, sino también las previsiones de nuevos gastos que permita llevar a cabo esa reorientación de políticas de la UE que el Consejo Europeo ha acordado.

El programa político de la nueva Comisión Europea que iniciará sus trabajos, previsiblemente, en diciembre de 2024, ya recoge esta nueva dirección: cambiar hacia un presupuesto moderno, reforzado y simplificado (von der Leyen 2024b: 37). Como concreción de esta idea, la Presidenta von der Leyen en su carta de misión, ha encomendado al comisario nominado encargado de esta materia, Piotr Serafin, repensar completamente el presupuesto de la Unión (von der Leyen 2024d). Le indica que «ha de desarrollar un nuevo enfoque para un presupuesto moderno y reforzado que se mueva a un presupuesto basado en políticas desde un presupuesto basado en programas» (von der Leyen 2024d: 6). El presupuesto, además, ha de ser una herramienta para transformar los países, por lo que pide a Serafin que elabore un plan para cada país con la finalidad de vincular reformas claves con inversiones. Igualmente sostiene que se considere una financiación exterior relanzada, que probablemente incluirá, a nuestro juicio, un apoyo reforzado a la preadhesión. Los dos ejes de competitividad y seguridad se traslucen en este encargo específico.

Las instituciones han desarrollado algo de análisis sobre el impacto de la ampliación en la financiación de la Unión. En su Comunicación, la Comisión sostiene que «la ampliación es una oportunidad (aunque no el desencadenante) para efectuar una revisión de la sostenibilidad financiera y la modernización de todos los ámbitos políticos o de gasto». (Comisión Europea 2024: 20). Considera que hay que tener en cuenta la ampliación tanto desde la perspectiva del sistema de recursos, viendo la repercusión financiera para cada Estado miembro, incluidos los que se adhieran, como desde los programas de gasto de la UE que han de incluir a los nuevos (Comisión Europea 2024: 20). Estamos de acuerdo, porque ya hemos visto que se alterarán todas las reglas de reparto, contribución y gasto. Y plantea la necesidad de cómo los fondos de preadhesión se pueden utilizar mejor para preparar a los candidatos para su participación en las futuras políticas UE.

Hay también una mención a Ucrania y a cómo la ayuda internacional para la reconstrucción (se entiende que no es solo la procedente de la UE) puede considerarse específicamente en este contexto (Comisión Europea 2024: 21). A mi juicio, aquí se podría insinuar que se puede trabajar con otros donantes internacionales para que su contribución también se programe teniendo en cuenta su futura adhesión a la UE. No sabemos hasta qué punto esto es voluntarista o podría conseguirse. Del análisis de la Comisión llama la atención que solo se define en sus términos más generales el desafío pero que no se presenta ni una sola idea sobre cómo resolverlo. Tampoco se ofrecen cifras, ni siquiera aproximadas, de cómo puede impactar en el presupuesto UE la adhesión de estos países. Es lógico si pensamos que para cuando el primero se adhiera resulta probable que las políticas europeas y el gasto destinado a las mismas haya cambiado notablemente. Igualmente, la Comunicación tampoco hace propuestas sobre posibilidad de obtener recursos nuevos para el presupuesto o adaptar políticas de gasto.

El Informe de situación de la Presidencia belga, que refleja el estado de las conversaciones de los Estados miembros sobre esta cuestión, curiosamente, en este apartado tiene más contenido que en los elementos anteriores que hemos analizado (Presidencia belga 2024: 5-10). Refleja *de facto* las discusiones generales que ya se están teniendo sobre la reorientación futura del gasto no solo hacia la disminución de las diferencias en desarrollo sino hacia resultados que mezclen reformas e inversiones (Presidencia belga 2024: 5). Sobre los ingresos, en la discusión sobre la propuesta de la Comisión sobre nuevos recursos propios (European Commission 2023a), se manifiesta que los Estados miembros están lejos de alcanzar un acuerdo tanto sobre los nuevos recursos propios, como sobre la contribución de los Estados miembros. Pero sí parece que hay una voluntad política compartida de que cada vez más el presupuesto dependa de ingresos propios. El debate y la discusión, por tanto, están abiertos pero se atisba una voluntad de reforma estructural, con la ampliación como una de esas razones para el cambio.

El Parlamento en su Resolución (2024: pto. 40) sigue la línea de las otras instituciones. Reconoce que la ampliación es un gran reto financiero y que va a requerir de recursos adicionales, que el presupuesto está necesitado de una profunda reforma y que es momento de hacerlo. También apoya los recursos propios y la financiación suficiente de las nuevas prioridades políticas conjuntas y que el próximo Marco Financiero Plurianual tenga ya en cuenta la adhesión. Consenso en líneas generales, pero también muy poca concreción.

El gran proyecto de la ampliación va a requerir de dinero, de mucho dinero y los Estados miembros tendrán que incrementar notablemente sus contribuciones a la UE (Blockmans 2024: 3). Como en los casos anteriores, tendrá necesariamente que ir acompañada de una profunda reforma previa que afecte a la financiación y a las principales políticas de gasto, sean las antiguas Política Agrícola Común y la cohesión, u otras renovadas.

5.4. La reforma de las políticas europeas, con especial mención a la Política Agrícola Común y la Política de Cohesión

El punto restante de la agenda que fijaba el Consejo Europeo era la evaluación de las políticas comunes «con el fin de garantizar entre otras cosas, la competitividad y la prosperidad duraderas de la UE y su liderazgo a largo plazo en el escenario mundial, y de reforzar su soberanía estratégica» (Consejo Europeo 2024: 12). La redacción ya da una primera pista que va en la misma línea que lo relativo a la revisión del presupuesto. El Consejo Europeo no desea únicamente que se estudie cómo adaptar las actuales políticas europeas para dar cabida a los nuevos Estados miembros, sino encajar esa evaluación en la reorientación de políticas que ya ha aprobado en la nueva agenda estratégica (Consejo Europeo 2024: 13-21) y que siguen el doble eje de la competitividad y la seguridad.

Así, aunque doctrina e instituciones nos estamos focalizando en analizar cómo habría que adaptar las principales políticas que se llevan casi todo el gasto, como la Política Agrícola Común (PAC) y la de Cohesión a partir de las características que tienen hoy día (Guinea, Rodríguez, Sánchez y Palacio 2023; 43-45; Sidlo, Polak y Aleszko-Lessels 2024), lo cierto es que el Consejo Europeo pide otra cosa. Y esa cosa no deja de entrañar una enorme dificultad, dado que es pensar en cómo tenemos que dar cabida a los países de la adhesión en unas políticas que todavía no existen o, si lo hacen, son diferentes, o relativamente pequeñas para el impulso que se les quiere dar en el futuro. En ese sentido, la Presidenta de la Comisión ya recoge estos vientos de cambio para la PAC en su programa cuando anuncia que presentará en los primeros 100 días de su nuevo mandato un documento «con una visión para la agricultura y la alimentación» (von der Leyen 2024b: 26). Y la Política de Cohesión también se encuentra en profunda discusión por su baja eficacia, se debate una reorientación hacia su gestión por parte de las autoridades centrales y, siguiendo la estela del *Next Generation*, vincularla a condicionalidad y reformas (Rubio, Alcidi y Andersson 2024). La Comisión nos presentará una primera idea de cómo todas estas nuevas políticas pueden ser con su proyecto de nuevo Marco Financiero Plurianual en julio de 2025, dado que con la previsión de gasto va siempre la formulación de las políticas.

Otro de los elementos que afectan a la adaptación de las políticas es la nueva realidad de la integración gradual (Comisión Europea 2020; European Commission 2023). Las actuales políticas empezarán su reforma e irán incluyendo progresivamente a los nuevos miembros, a medida que estos vayan cumpliendo requisitos. A este respecto queremos hacer nuestra la recomendación del informe Letta de evitar a través de esta integración gradual un *cherry-picking* y exigir a cambio de los primeros pasos en la integración económica avances sólidos en torno al modelo político (Letta 2024: 139).

Esta nueva dinámica de la integración gradual se ha comenzado a definir para los países de los Balcanes Occidentales, en el Mecanismo de Reforma y Crecimiento aprobado para ellos en mayo pasado (Reglamento 2024/1449). Aquí se prevé una integración progresiva de estos países en el Mercado Interior financiándose su convergencia a cambio de que ellos demuestren contar con mecanismos democráticos, desarrollen un programa de reformas e incorporen el acervo comunitario necesario. Este aspecto de la integración gradual examina el punto de vista de los países en adhesión, pero no se contempla en este documento la adaptación que tiene que emprender el propio Mercado Interior para incorporar a estos Estados. Y, en este sentido, resulta relevante recordar la «Facilidad de Solidaridad» que plantea Letta para apoyar a los perjudicados por la incorporación de los nuevos (2024: 139).

Esa modificación de las políticas para permitir la integración gradual se analiza en el Informe de la Comisión de preparación para la ampliación, larga y detalladamente (2024). Se plantea, por tanto, la adaptación de la UE no a la adhesión final, sino a la integración gradual. Se abordan específicamente cinco dimensiones del mercado único europeo: la conectividad física, energética y digital; la transición climática y medioambiental; el sector alimentario; la cohesión económica, social y territorial; y la seguridad, migración y gestión de fronteras. En todos los casos, la Comunicación «vende» en primer lugar, el valor añadido que supone la ampliación para el ámbito concreto; y examina las estrategias, mecanismos y desafíos para incorporar a los países de la ampliación en esa integración gradual. Las reformas globales de las políticas, a las que se refería el Consejo Europeo, para enfrentar la ampliación y otros retos remite a los informes técnicos encargados a Letta y Draghi (Comisión Europea 2024: 8).

La revisión de las políticas se plantea en la senda de la consolidación, aunque en algún caso hay alguna propuesta nueva, pero que no responden al desafío de la ampliación sino a retos transversales. Así a título de ejemplo, revisando las iniciativas en materia de conectividad, se proponen desarrollar más proyectos de interés común europeo para promover la innovación industrial de vanguardia, donde puedan participar los candidatos; crear asociaciones estratégicas en ecosistemas de interés mutuo como materias primas, economía circular o espacio; acelerar las interconexiones de energía y telecomunicaciones, extendiéndolas a los candidatos; crear nuevos instrumentos de compra conjunta, inspirados en la Plataforma de Energía para productos básicos estratégicos, como hidrógeno o materias primas críticas; o incorporar a los candidatos a las estrategias de ciberseguridad (Comisión Europea 2024: 9).

La sección relativa a la política climática analiza cómo incorporar a los nuevos países, que tienen profundos desafíos en materia de clima y energía, sin devaluar nuestros estándares normativos y objetivos de transición (Comisión Europea 2024: 10-11). La única consideración específica es la alusión al apoyo financiero específico e inversión privada reforzada que requerirán los candidatos para incorporarse al ritmo de la UE y que su retraso no ralentice la consecución de los objetivos del bloque (Comisión Europea 2024: 11). El Mecanismo de los Balcanes (Reglamento 2024/1447), que acabamos de examinar, puede considerarse un primer apoyo financiero de la parte de la UE en el sentido que se menciona.

En el apartado del sector alimentario competitivo y sostenible, tenemos una reflexión aislada sobre la necesidad de reconsiderar globalmente la PAC. Sostiene que una UE de más de treinta miembros, es decir, previsiblemente con Ucrania dentro, requerirá una «evaluación exhaustiva» de la «viabilidad y sostenibilidad de las políticas agrícolas» (Comisión Europea 2024: 13). Y esa revisión global se entiende que será necesaria por la diversidad del tamaño y estructura de las explotaciones agrícolas, el peso de la agricultura en cada economía, los diferentes modelos agrícolas, los retos socioeconómicos y medioambientales y la necesidad de garantizar una competencia justa dentro de la UE (Comisión Europea 2024: 13). Vemos aquí que se enumeran con lógica todas las razones que conducen a que se tenga que revisar completamente el modelo de la PAC por la entrada de Ucrania, pero no se hace todavía ninguna propuesta concreta.

En el apartado relativo a la cohesión social, económica y territorial, se abordan tres políticas concretas, la Unión Económica y Monetaria, la política de cohesión y la fiscalidad (Comisión Europea 2024: 13-16). Como en los casos anteriores, la Comunicación expone los beneficios y desafíos de la ampliación en estos ámbitos para la UE y las vías para la integración gradual de los candidatos. Tenemos solo dos reflexiones genéricas sobre la revisión de las políticas europeas. En relación a la cohesión, se dice «Al igual que en anteriores ampliaciones, es necesaria una reflexión global sobre el futuro de la política de cohesión en la UE» (Comisión Europea 2024: 14). Esto parece lógico, una Unión a 30, con el desafío de reconstruir Ucrania y las diferencias de desarrollo no puede aguantar con la actual distribución de fondos y programas de cohesión. Ello sin tener en cuenta tampoco cómo la propia política de cohesión se encuentra en este momento en cuestionamiento global, como hemos visto. No se hace, sin embargo, en la Comunicación ninguna propuesta. En relación a la fiscalidad, se reflexiona sobre la necesidad de más armonización y las dificultades de lograr esto con la actual regla de unanimidad, que causará aún mayores dificultades en una UE con más miembros (Comisión Europea 2024: 14). Aquí hay una propuesta: pasar a mayoría cualificada.

Finalmente, se aborda en un único apartado las dimensiones políticas de la seguridad exterior e interior, incluyendo en una única reflexión llamativamente ámbitos de la PESC sometidos al método intergubernamental, junto a los comunitarios de la migración y las fronteras exteriores (Comisión Europea 2024: 16-20). En materia de seguridad PESC, el desafío fundamental que se menciona es la unanimidad y la dificultad creciente para tomar decisiones que genera el «riesgo de que estos procesos resulten demasiado lentos y de carácter demasiado reactivo y defensivo, otorgando así a los competidores estratégicos un mayor margen para exacerbar las divisiones entre los Estados miembros» (Comisión Europea 2024: 18). Me parece relevante que la Comisión plantee no solo el problema que supone la unanimidad para la formulación de una política exterior eficaz, sino también el hecho de que es un riesgo para su autonomía política. Esta estrategia que está empíricamente contrastada (Orenstein y Kelemen 2016) permite que terceros Estados cultiven relaciones especiales con miembros y los utilicen como «caballos de Troya» para controlar desde dentro la decisión y políticas de la UE amenazando su independencia política.

Por último, esta Comunicación asume, no sé si un poco ilusoriamente que «cuando se lleve a cabo la próxima ampliación, la dimensión de defensa de la Unión se habrá desarrollado considerablemente» (Comisión Europea 2024: 19). El entorno amenazante que rodea a la UE justificaría que así fuera, pero los progresos en un área intergubernamental como la defensa dependen única y exclusivamente de los Estados miembros y no podemos dar por hecho que esa voluntad política vaya a darse. Pero aquí queremos llamar la atención de que coincidimos con una gran parte de la doctrina en que la ampliación a los países del Este requiere un nuevo énfasis sobre la seguridad y la defensa (Dumoulin y Buras 2024: 3; Raik y Blockmans 2023; Scazzieri 2023). No es previsible que Ucrania, Moldavia o Georgia se incorporen a la OTAN antes que a la UE y dado que los tres tienen territorio ocupado por Rusia y que la conflictividad con este país puede seguir manteniéndose, para ser coherentes con el artículo 42.7 –su cláusula de asistencia mutua–, la UE que incorpore a estos Estados tiene que ser muy diferente de la actual en potencial defensivo. Esta ampliación pone encima de la mesa con urgencia la necesidad de que la UE cuente con una política de defensa que permita acudir en auxilio de cualquiera de sus miembros.

En el Informe de la Presidencia belga, que recoge los consensos entre los Estados miembros, la adaptación de las políticas solo se trata de una manera superficial y preliminar, señalando que todas las políticas de la UE que se vean afectadas por la ampliación o que requieren una perspectiva de futuro habrán de ser examinadas, teniendo en cuenta los objetivos estratégicos fijados a largo plazo (Presidencia belga 2024: 4). Hay consenso sobre la tarea que se tiene que desarrollar a futuro y lo interesante es que se pone el énfasis al hablar de la dimensión estratégica, de una manera implícita, del relevante giro que ya están recibiendo las políticas para enfrentarse a los actuales retos de la integración. Se subraya la necesidad de que la reflexión tiene que basarse en datos y estar guiada por un análisis y evaluación exhaustivos, en los cuales el trabajo de la Comisión va a resultar clave (Presidencia belga 2024: 9).

En definitiva, en lo relativo a las políticas el debate está enormemente abierto porque nos encontramos en un ámbito que se encuentra pendiente de la nueva redirección que proponen los informes Letta y Draghi. Una reorientación de políticas que, en algunos de los casos, pide un salto cualitativo e incluso nuevas competencias, por ejemplo en defensa (Draghi 2024b: 6). Pero esta profundización no será principalmente causada por la ampliación, sino por la necesidad de enfrentar los retos internos e internacionales que tenemos ante nosotros los europeos.

6. El dilema de la necesidad de reforma de la UE y la dificultad de revisar los Tratados

La UE, desde sus inicios, se ha concebido como un proceso político abierto, en que a través de sucesivas revisiones de sus Tratados, y últimamente también a través de acuerdos intergubernamentales, va adquiriendo cada vez más funciones y competencias. En la UE «el futuro se construye poco a poco y entre todos. En la Unión no hay nada acabado ni cerrado» (Mangas 2022: 101). Tanto el hecho de que los actuales Tratados se encuentren obsoletos, como el actual contexto al que hay que dar respuesta y la presión de la ampliación, aconsejarían que se llevara a cabo una revisión de los fundamentos constitucionales europeos. La reforma de los Tratados al día de hoy viene requerida por cuatro razones fundamentales: lograr eficacia en la toma de decisiones, mejorar la democracia, reforzar a la UE como potencia mundial y preparar la ampliación (Aldecoa 2023: 298).

Hemos visto cómo muchas de las reformas requeridas por la ampliación para permitir un buen funcionamiento institucional y, sobre todo, aquellas que permitan la profundización requerirían de un proceso de reforma del

Tratado. La cantidad y variedad de cuestiones que hay que acordar, que corren el riesgo de quedar empantanadas si son objeto de discusiones paralelas, recomiendan la convocatoria de una Convención que pueda llevar a un acuerdo global, proponiendo transacciones entre los diversos temas (Müller 2024: 8)

Sin embargo, los procedimientos de reforma de los Tratados, sea el general con Convención, o el simplificado con Conferencia Intergubernamental técnica, son enormemente rígidos (Guinea 2011: 665-672). Están protegidos por lo que podríamos considerar un triple cerrojo. En primer lugar, se exige el «común acuerdo» o unanimidad de los Gobiernos de los Estados miembros sobre la nueva redacción de los Tratados. Segundo, se requiere la aprobación del Parlamento Europeo por una mayoría reforzada de sus miembros. Tercero, el Tratado resultante de la reforma ha de ser ratificado por la totalidad de los Estados miembros, conforme a sus respectivas normas constitucionales internas. Y aquí podemos recordar que Estados como Irlanda o Dinamarca suelen celebrar referendos de ratificación. Reformar los Tratados de la UE pasa, por tanto, por el compromiso de todos los Gobiernos y el interrogante de las ratificaciones y es una tarea de una enorme complejidad.

En el pasado, entre quince Estados bastante homogéneos entre sí las reformas tuvieron éxito, aunque no fueron procesos fáciles. La vigencia del Tratado de Lisboa, no exenta de obstáculos y retrasos, fue otra cosa porque no fue más que la adaptación del Tratado Constitucional (Aldecoa y Guinea 2008: 245). Pero desde la gran ampliación podemos constatar cómo solo se ha producido una reforma técnica, conforme al método simplificado, con ocasión de la crisis financiera, para incluir en el Tratado un párrafo al artículo 136 del TFUE que permitiera la creación del Mecanismo de Estabilidad Financiera (Guinea 2014: 315). Pero el reforzamiento de la gobernanza económica que requirió la crisis financiera se abordó por otros medios, incluido un tratado internacional fuera del sistema normativo europeo, el TECG (Guinea 2014: 315), y la respuesta a la pandemia, con el salto federalizante de la deuda común europea y el Programa *Next Generation* también se ha hecho sin tocar los Tratados, utilizando el artículo 122 del TFUE, la base jurídica prevista para emergencias (Guinea 2024b: 189). Y si en este momento analizamos la posición hacia la integración de los Gobiernos europeos, con un buen número de soberanistas, es fácil concluir que una revisión exitosa de los Tratados no parece un ejercicio viable.

El Parlamento Europeo es la institución que viene defendiendo de una manera más activa la necesidad de revisar los Tratados y, de hecho, en diciembre de 2023 aprobó una Resolución activando el procedimiento de reforma del artículo 48.2 TUE, que incluye, incluso, un proyecto concreto de modificación del articulado de los Tratados (Parlamento Europeo 2023). Según el artículo 42.3, el Consejo Europeo debería ahora pronunciarse sobre si se inicia el procedimiento de reforma, pero hasta este momento esa institución ha eludido pronunciarse. Es evidente que los Estados miembros no desean embarcarse en un ejercicio tan políticamente delicado y enfrentarse a una crisis constitucional. El Informe de la Presidencia belga sobre la reforma de la UE frente a la ampliación subraya en diversas ocasiones la oposición de una mayoría de Estados miembros a realizar reformas de los Tratados (Presidencia belga 2024: 4). Por ello, el Parlamento, en su Informe sobre la Ampliación, asume un enfoque pragmático, admitiendo que hay que agotar todos los recursos de los Tratados para preparar la UE ampliada y que se conforma con que de momento no se revisen los Tratados (Parlamento Europeo 2024: pto. 31).

La Comisión ha comenzado a trabajar explorando todas las posibilidades de adaptación existentes dentro del actual marco normativo. En su Comunicación analiza si conviene o no poner en marcha una reforma de los Tratados, como recomendó la Conferencia sobre el Futuro de Europa, para proceder a la reforma institucional (Comisión Europea 2024: 21). Su posición al respecto es ambigua: dice que, aunque apoya la «modificación de los Tratados «cuando sea necesario», opina que la gobernanza de la UE puede mejorarse rápidamente mediante el pleno aprovechamiento del potencial de los Tratados actuales» (Comisión Europea 2024: 21).

Parece que esa posición prudente se ha superado recientemente, ya que la Presidenta en su discurso para el nuevo mandato ha defendido abiertamente la necesidad de revisar los Tratados (von der Leyen 2024a). Pero repetimos que este voluntarismo, incluso sumado al del PE, resultan irrelevantes cuando el requisito clave para el éxito de la empresa es la voluntad política de todos y cada uno de los Estados miembros. Por ello, un gran número de observadores aconsejan proceder a la ampliación aunque no se haya podido conseguir una reforma de los Tratados (Darvas, Z., Dabrowski, M., Grabbe, H. *et alia* 2024: 55).

En el análisis por materias que hemos hecho nos hemos encontrado en varias ocasiones reformas imprescindibles para adaptar la Unión que requieren de modificación de los Tratados: la revisión del procedimiento de garantía democrática del artículo 7; el éxito en el cambio de decisión de unanimidad a mayoría cualificada, cuyo éxito solo parece probable en el marco de una gran transacción; la reponderación de los umbrales de la mayoría cualificada y de las minorías de bloqueo; bases jurídicas para nuevas políticas recomendadas en el informe Draghi; condiciones para reorientar otras políticas como la de cohesión, etc. ¿Qué se puede hacer entonces si nos encontramos con la imposibilidad de revisar el Tratado? ¿Hay fórmulas que permitirían una salida adelante?

La primera que podríamos considerar es el establecimiento de una cooperación reforzada en el nivel constitucional, que aprobara un nuevo Tratado entre un grupo de Estados voluntaristas (Franco-German Working Group 2023: 32). Hemos visto, en ese sentido, una propuesta para poner en marcha un «grupo Estado de Derecho» que asumen compromisos más exigentes en esta materia (Kribbe y van Middelaar 2023: 10). Esta iniciativa no nos sirve para una reforma general de la UE, ni para alterar procedimientos de decisión, endurecer el artículo 7, hacer modificaciones institucionales, cambiar el cálculo de la mayoría cualificada o dotar de nuevas bases jurídicas a las políticas comunes. Solo serviría *ad hoc* para cuestiones en que un grupo de Estados miembros quiera asumir obligaciones más estrictas que las del Tratado o para poner en marcha una nueva política que afecte solo a un grupo de Estados miembros.

La segunda propuesta que plantean otros autores es pragmática y mucho más sutil. Consiste en introducir las reformas imprescindibles del Tratado en el primero de los Tratados de adhesión que se firme con ocasión de la entrada de uno o más Estados (Franco-German Working Group 2023: 31; Darvas, Z., Dabrowski, M., Grabbe, H. *et alia* 2024: 5). Es preciso recordar aquí que los Tratados y Actas de adhesión son Derecho Primario y que, como tal, tienen la capacidad de enmendar el TUE y el TFUE. Políticamente, esta propuesta tiene ventajas: permite introducir ajustes difíciles como los institucionales o el reforzamiento del artículo 7, sin tener que dar cuentas a la opinión pública, lo que es problemático para los Gobiernos nacionalistas de extrema derecha, que pueden maquillar sus concesiones. Además, al estar las reformas difíciles en el texto que ratifica la adhesión, los Estados miembros no tendrían más remedio que aceptarla y ratificarla, pues por oponerse a una reforma concreta no van a boicotear una ampliación que vienen defendiendo con tanto entusiasmo. Pero está fórmula también tiene sus problemas: el primero es que se recorta rendición de cuentas y transparencia hacia la ciudadanía, si lo que se pretende es enmascarar las reformas. En esa línea hay que recordar que el Parlamento no participa en la redacción de los Tratados de Adhesión, aunque sí se requiere su aprobación una vez redactados. Y segundo, solo permite ajustes muy concretos vinculados a la ampliación, no esa gran reforma de la que está tan necesitada la Unión.

Otra tercera vía que propone el Grupo francoalemán sería unir ampliación y reforma a través de un pacto político sobre un «marco de ampliación y reforma del Tratado» acordado globalmente en sus bases por el Consejo Europeo y el Parlamento (Franco-German Working Group 2023: 31). Los dos instrumentos jurídicos que lo desarrollarían, que serían independientes, serían redactados por separado por la Convención –en el caso de las reformas de los Tratados– y por la Comisión –en el caso de los Tratados de adhesión–. La idea es, como en la opción anterior, utilizar el apoyo de los Gobiernos a la ampliación para ganar tracción para sacar adelante la reforma del Tratado. Pero ese compromiso de los Gobiernos no asegura la ratificación pacífica, especialmente si es mediante referendos.

Quizás la vía más útil y factible sea la segunda, la de introducir las reformas mínimas imprescindibles en los Tratados de adhesión. Dado que estamos convencidos de la necesidad de una reforma global de la Unión, no nos acaba de satisfacer. Pero si es la única vía adelante para garantizar la preparación de la UE ante la ampliación, quizás tengamos que conformarnos con un enfoque minimalista y pragmático, dada la urgencia geopolítica ante la que se encuentra la Unión.

7. Conclusiones: el inicio de un debate complejo en un momento de profunda transformación de la Unión

La gran ampliación que la UE tiene previsto emprender hacia el Sudeste y Este de Europa, a diferencia de las anteriores, tiene una razón geopolítica: frenar el avance ruso tanto en términos de conquista como de influencia. Se trata de una amenaza existencial. Por tanto, los europeos no nos podemos permitir el lujo de fracasar. Esa ampliación depende de dos procesos que se encuentran interrelacionados y que han de desarrollarse en paralelo:

la transformación de los Estados candidatos para estar en condiciones de enfrentarse a las exigencias de la membresía y la adaptación del sistema político europeo para absorber a los nuevos miembros y poder seguir funcionando eficientemente y que quede garantizada su capacidad de seguir profundizándose. Como en el caso de las anteriores oleadas de ampliación, ampliación, consolidación y profundización han de ir de la mano, aunque no necesariamente a la misma velocidad.

En este estudio hemos analizado la agenda política europea y los trabajos ya desarrollados por las instituciones en esta tarea de preparar la Unión para la ampliación, realizando un análisis de fondo de los principales temas que conforman la agenda. La principal conclusión que podemos extraer de nuestro trabajo es que se trata de un debate que acaba de iniciarse, que se encuentra en una etapa muy temprana y que no ha superado todavía la fase de diagnóstico, es decir, la identificación de los principales temas y la presentación de la problemática y las posibilidades que podrían plantearse. Por ejemplo, ningún análisis institucional ni académico se ha aventurado todavía, por la dificultad que entraña, a dibujar diferentes escenarios para las distintas oleadas de miembros que se pudieran adherir y considerar las adaptaciones exigidas en cada caso. Al encontrarnos todavía en un escenario en que, incluso los candidatos mejor situados, han avanzado muy poco en sus negociaciones o acaban ahora de iniciarlas, es extremadamente difícil barajar escenarios realistas. E, incluso, lo es más, aunque lo haya hecho algún político, comprometer una fecha para la próxima adhesión.

Nuestra segunda conclusión es que, aunque en este estudio hemos intentado aislar el análisis del impacto de la ampliación de la necesidad de reformar la Unión por otras razones, esto es prácticamente imposible. Y más en un momento en que la UE se encuentra en un proceso de profundo cambio de su naturaleza y acción política, como consecuencia de la presión de los factores geopolíticos, como se deduce de la nueva agenda estratégica adoptada por el Consejo Europeo (2024). La adaptación frente a la ampliación, en la práctica, no se va a poder separar de otros debates como las numerosas reformas planteadas por los informes Letta y Draghi.

En tercer lugar, queremos subrayar que en los informes institucionales analizados el abordaje, análisis y soluciones planteadas avanzan a diferentes ritmos. Los temas vinculados al modelo político –valores y procedimientos institucionales– por venir afectando desde hace tiempo al funcionamiento de la UE han sido debatidos más exhaustivamente e, incluso, ya se tienen diferentes opciones políticas encima de la mesa, aunque no haya consensos entre los Estados miembros. Otros, como las políticas o la financiación en lo relativo a las adaptaciones para la ampliación, están siendo sometidos en este momento a los primeros análisis y no han superado la fase de definición del problema y la propuesta de iniciativas aisladas que son todavía ambiguas y vagas. Las propuestas concretas solo podrán hacerse cuando tengamos una idea más aproximada de los escenarios y de la dirección que toman las nuevas políticas de la Unión. Un buen momento para hacernos una primera idea será el verano próximo, cuando la Comisión está emplazada a presentar su proyecto de nuevo Marco Financiero Plurianual para el periodo 2028-35.

Nuestra cuarta conclusión es que las instituciones están mayoritariamente trabajando en la línea de la consolidación, más que de la profundización, aunque algunas como el Parlamento reconocen que esta es necesaria también. El Informe Draghi, aunque sutilmente, también va en la misma dirección. Y en nuestro análisis hemos identificado un área donde es clave un salto cualitativo en clave constitucional: la defensa, que no ha recibido demasiada relevancia en los informes institucionales. Es absolutamente evidente que la ampliación a países como Ucrania, Moldavia o Georgia, que no parece que vayan a ser admitidos antes en la OTAN, solo podrá producirse cuando la UE esté en disposición de otorgarles garantías solventes de seguridad frente a su incómodo vecino, Rusia. Y para hacer eso necesitamos capacidades defensivas que podamos movilizar y utilizar conjuntamente como Unión Europea.

Quinto, actores institucionales, expertos y académicos somos conscientes por igual de la dificultad existente de proceder a la revisión de los Tratados que se requiere para preparar adecuadamente el modelo político europeo para la ampliación. Hay un consenso compartido en ser pragmáticos y estudiar cómo adaptar la Unión en los aspectos más imprescindibles para no retrasar la ampliación por falta de reformas. Quizás la fórmula más directa, pero no la más democrática, sea aprovechar los Tratados de adhesión para incluir en ellos esas modificaciones mínimas e imprescindibles. Y continuar por la vía de utilizar herramientas de Derecho Secundario para intentar avanzar lo más posible.

Estamos, indudablemente, enfrentándonos al desafío existencial que va a centrar la actividad política de la Unión en la próxima década y que va a transformar profundamente la esencia del proyecto de integración europea. Como estamos en la fase más preliminar del debate, este solo puede ser un primer trabajo sobre la materia, con conclusiones muy provisionales, que tendrá que ser actualizado y completado en los próximos meses y años con los progresivos avances que se vayan dando no solo en el tema de la ampliación, sino también en el de la reorientación de las políticas y naturaleza de la Unión. La UE probará que realmente tiene la voluntad política de cumplir con sus compromisos hacia los Estados candidatos, si es capaz de aprobar un profundo plan de reforma interna, con una evaluación de impacto, y el presupuesto como principal vehículo, en lo que podría conocerse como «Agenda de Varsovia» (Buras y Morina 2023a) o «Agenda 2030» (Mirel 2024). En prepararse adecuadamente encontraremos la voluntad política de no dejar dormir otra vez el proceso de adhesión.

REFERENCIAS BIBLIOGRÁFICAS

AKHVLEDIANI, T. (2024), «Explaining Ukraine's recovery and reconstruction: what, how and when?», *CEPS Explainer*, 27 July 2024, https://www.ceps.eu/ceps-publications/explaining-ukraines-recovery-and-reconstruction-what-how-and-when/

AKHVLEDIANI, T. y MOVCHAN, V. (2024), «The Impact's of Ukraine's Accession on the EU's Economy. The Value Added of Ukraine», *ICDS Policy Paper*, February 2024, https://cdn.ceps.eu/wp-content/uploads/2024/03/ICDS_Policy_Paper_The_Impact_of_Ukraines_Accession.pdf

ALBALDEJO ROMÁN, A. (2024), «Ukrainian agriculture. From Russian invasion to EU integration», *European Parliament Research Service Briefing*, April 2024, (760.432). https://www.europarl.europa.eu/RegData/etudes/BRIE/2024/760432/EPRS_BRI(2024)760432_EN.pdf

ALDECOA LUZÁRRAGA, F. (2002), *La Integración Europea. Análisis histórico-institucional con textos y documentos. Vol. II, Génesis y desarrollo de la Unión Europea (1979-2002)*, Madrid, Tecnos.

— (2023), *La Unión Europea. De la idea utópica de Europa a la Unión Europea como potencia mundial*, Barcelona, Shackleton.

— (2024), «El próximo ciclo institucional durante la décima legislatura (2024-2029). Hoja de ruta para los próximos trabajos de reformas internas», en: López Garrido, D. (dir.), *El estado de la Unión Europea 2024. Integración vs. nacionalismo*, Madrid, Fundación Alternativas, 65-77.

ALDECOA LUZÁRRAGA F. y GUINEA LLORENTE, M. (2005), «El futuro de «una Europa» europea: su constitucionalización (2001-2014)», en: Zapater, E., Beltrán, S., Pi, M., Aldecoa, F. y Guinea, M., *«Las incógnitas de la ampliación: oportunidades y desafíos» III Premio Francisco Javier de Landáburu 2005*, Bilbao, Consejo Vasco del Movimiento Europeo: 123-177.

— (2008), *La Europa que viene: el Tratado de Lisboa*, Madrid, Biblioteca Nueva.

ANGHEL, V. y DŽANKIĆ, J. (2023), «Wartime EU: consequences of the Russia-Ukraine war on the enlargement process», *Journal of European Public Policy*, 45(3): 487-501.

BASTASIN, C. (2023), «Want Ukraine in the EU? You'll have to reform the EU, too», *Brookings Institution*, July 2023. https://www.brookings.edu/articles/want-ukraine-in-the-eu-youll-have-to-reform-the-eu-too/ https://www.brookings.edu/articles/want-ukraine-in-the-eu-youll-have-to-reform-the-eu-too/

BECERRIL ATIENZA, B., BENDIEK, A., JOKELA, J. *et alia* (2024), «Editorial: How to Get Rid of Vetoes in EU Foreign and Security Policy?» *European Foreign Affairs Review*, 29(3): 227-230.

BLOCKMANS, S. (2024), «The Three Pillars of the EU's New Enlargement Agenda», *SCEEUS Commentary*, nº 2, https://cdn.ceps.eu/wp-content/uploads/2024/04/the-three-pillars-of-the-eus-new-enlargement-agenda.pdf

BURAS, P. y MORINA, E. (2023a), «Vision 2030: Four steps towards the new EU enlargement», *ECFR*, 3 July 2023. https://ecfr.eu/article/vision-2030-four-steps-towards-the-new-eu-enlargement/

— (2023b), «Catch-27: The contradictory thinking about enlargement in the EU», *ECFR Policy Brief*, November 2023. https://ecfr.eu/wp-content/uploads/2023/11/Catch-27-The-contradictory-thinking-about-enlargement-in-the-EU.pdf

BUTI, M. (2023), «When will the European Union finally get the budget it needs?», *Bruegel Analysis*, 7 December 2023, https://www.bruegel.org/analysis/when-will-european-union-finally-get-budget-it-needs

CENUSA, D. (2023), «EU Eastern Enlargement: Preparing for Current and Future Threats Through Inclusive Crisis Management and Resilient Critical Infrastructure», *SCEEUS Guest Commentary*, 18 January 2023, https://www.ui.se/globalassets/ui.se-eng/publications/sceeus/eu-eastern-enlargement-preparing-for-current-and-future-threats.pdf

CoFoE (Conference on the Future of Europe – 2022), *Report on the Final Outcome*, May 2022, https://wayback.archive-it.org/12090/20220915201021/https://prod-cofe-platform.s3.eu-central-1.amazonaws.com/2po250fn174z62m8g8c9ya9e62m7?response-content-disposition=inline%3B%20filename%3D%22Book_CoFE_Final_Report_EN_full.pdf%22%3B%20filename%2A%3DUTF-8%27%27Book_CoFE_Final_Report_EN_full.pdf&response-content-type=application%2Fpdf&X-Amz-Algorithm=AWS4-HMAC-SHA256&X-Amz-Credential=AKIA3LJJXGZPDFYVOW5V%2F20220915%2Feu-central-1%2Fs3%2Faws4_request&X-Amz-Date=20220915T200910Z&X-Amz-Expires=300&X-Amz-SignedHeaders=host&X-Amz-Signature=9da6e64b707df344c8772d076bc07e818cd0e1e0b662480f30d2f367446042e8

COMAN, R., y VOLINTIRU, C. (2021), «Anti-liberal ideas and institutional change in Central and Eastern Europe», *European Politics and Society, 24*(1), 5–21. https://doi.org/10.1080/23745118.2021.1956236

COMISIÓN EUROPEA (2003), *Comunicación de la Comisión al Parlamento Europeo y al Consejo «Una Europa más amplia. Relaciones con los países vecinos: un nuevo marco con nuestros vecinos del Este y del Sur de Europa»,* Bruselas, 11 de marzo de 2003, (COM(2003) 393 final).

— (2018), *Comunicación al Consejo Europeo, al Parlamento Europeo y al Consejo «Un actor de mayor peso en la escena mundial: un proceso decisorio más eficiente en la política exterior y de seguridad común»,* Bruselas, 12 de septiembre de 2018, (COM(2018) 647 final.

— (2020), *Comunicación de la Comisión al Parlamento Europeo, al Consejo, al Comité Económico y Social y al Comité de las Regiones «Mejorar el proceso de adhesión: una perspectiva creíble de la UE para los Balcanes Occidentales»,* Bruselas, (COM(2020) 57 final).

— (2024), *Comunicación de la Comisión al Parlamento Europeo, al Consejo Europeo y al Consejo sobre las reformas y las revisiones de las políticas previas a la ampliación,* Bruselas, 20 de marzo de 2024, (COM(2024) 146 final). https://eur-lex.europa.eu/legal-content/ES/TXT/PDF/?uri=CELEX:52024DC0146

CONFERENCIA DE JEFES DE ESTADO O DE GOBIERNO (1969), *Comunicado,* La Haya, 1 y 2 de diciembre de 1969, en: Truyol y Serra, A. (1979), *La Integración Europea. Análisis histórico-institucional con textos y documentos,* Madrid, Tecnos, pp. 274-277.

CONSEJO EUROPEO (1993), *Conclusiones de la Presidencia,* Copenhague, 21 y 22 de junio de 1993, (SN 180/1/93 REV 1).

— (1999), *Conclusiones de la Presidencia,* Santa María da Feira, 19 y 20 de junio de 2000, https://www.europarl.europa.eu/summits/fei1_es.htm

— (2006), *Conclusiones de la Presidencia,* Bruselas, 14 y 15 de diciembre de 2006, (16879/06).

— (2023), *Conclusiones,* Bruselas, 14 y 15 de diciembre de 2023, (EUCO 20/23), https://www.consilium.europa.eu/media/68996/europeancouncilconclusions-14-15-12-2023-es.pdf

— (2024), *Conclusiones,* Bruselas, 25 de junio de 2024, (EUCO 15/24), https://www.consilium.europa.eu/media/n24ljnnz/euco-conclusions-27062024-es.pdf

CONSEJO EUROPEO INFORMAL (2023), *Declaración de Granada,* 6 de octubre de 2023, (706/23), https://www.consilium.europa.eu/es/press/press-releases/2023/10/06/granada-declaration/pdf/

COUNCIL OF THE EUROPEAN UNION (2018), *Conclusions on Enlargement and Stabilization and Association Process,* Brussels, 26 June 2018, (10555/18).

CREMONA, M. (2004), «The Union as a global actor: roles, models, and identity», *Common Market Law Review,* (41)3: 553-573.

DARVAS, Z., DABROWSKI, M., GRABBE, H. *et alia* (2024), «Ukraine's Path to European Union membership and its long-term implications», *Bruegel Policy Brief,* nº 5, March 2024, https://www.bruegel.org/system/files/2024-03/PB%2005%202024_2.pdf

— (2024), «The Impact on the European Union of Ukraine's potential future accession», *Bruegel Report,* nº 2, April 2024, https://www.bruegel.org/system/files/2024-04/Report%2002.pdf

DARVAS, Z., y GRABBE, H. (2024), «Memo to the commissioner responsible for enlargement», *Bruegel,* 4 September 2024, https://www.bruegel.org/sites/default/files/2024-08/Memos%20enlargement.pdf

DE WITTE, B. (2019), «Constitutional Challenges of the Enlargement: Is Further Enlargement Feasible without Constitutional Changes?», *European Parliament Research Service In-Depth Analysis,* March 2019, (608.872). https://www.europarl.europa.eu/RegData/etudes/IDAN/2019/608872/IPOL_IDA(2019)608872_EN.pdf

DRACHENBERG R. y BACAL, P. (2024), *Strategic Agenda 2024-2029: Continuity or paradigm shift?,* European Parliament Research Service Briefing, July 2024, (762.849). https://www.europarl.europa.eu/RegData/etudes/BRIE/2024/762849/EPRS_BRI(2024)762849_EN.pdf

DRAGHI, M. (2024a): *The future of European competitiveness. Part A. A competitiveness strategy for Europe.* September. https://commission.europa.eu/document/download/97e481fd-2dc3-412d-be4c-f152a8232961_en?filename=The%20future%20of%20European%20competitiveness%20_%20A%20competitiveness%20strategy%20for%20Europe.pdf

— (2024b): *The future of European competitiveness. Part B. In-depth analysis and recommendations.* September. https://commission.europa.eu/document/download/ec1409c1-d4b4-4882-8bdd-3519f86bbb92_en?filename=The%20future%20of%20European%20competitiveness_%20In-depth%20analysis%20and%20recommendations_0.pdf

DUMOULIN, M. y BURAS, P. (2024), «The Security Dilemma of the Eastward EU Enlargement», *SCEEUS Guest Commentary,* 5 July 2024, https://www.ui.se/globalassets/ui.se-eng/publications/sceeus/2024-publications/the-security-dilemma-of-the-eastward-eu-enlargement.pdf

ÉLTETŐ, A. y SZEMLÉR, T. (2023), «Hungary in the European Union. Cooperation, Peacock Dance and Autocracy», *Comparative Southeast European Studies, 71*(3), 272-299. https://doi.org/10.1515/soeu-2022-0051

EMERSON, M. (2023), «The Potential Impact of Ukrainian Accession on the EU's Budget», *ICDS Policy Paper,* September 2023. https://cdn.ceps.eu/wp-content/uploads/2023/11/ICDS-Policy-Paper-Impact-of-Ukrainian-Accession-on-the-EU-Budget.pdf

— (2024), «Strengthening Europe's democratic identity and security in a more autocratic world», *CEPS-REUNIR Inaugural Lecture,* June, https://cdn.ceps.eu/wp-content/uploads/2024/06/Michael-Emerson-Inaugural-lecture-for-REUNIR-June-2024-compressed.pdf

EPSTEIN, R. A., y JACOBY, W. (2014), «Eastern Enlargement Ten Years On: Transcending the East–West Divide?», *Journal of Common Market Studies, 52*(1): 1-16.

EUROPEAN COMMISSION (2006), *Communication to the European Parliament and the Council «Enlargement Strategy and Main Challenges 2006-2007. Including annexed special report on the EU's capacity to integrate new members»,* Brussels, 8 November 2006, (COM(2006) 649 final).

— (2023a), *Communication to the European Parliament, the Council, the European Economic and Social Committee, and the Committee of the Regions «An adjusted package for the next generation of own resources»,* Brussels, 20 June 2023, (COM(2023)330 final).

— (2023b), *Communication to the European Parliament, the Council, the European Economic and Social Committee, and the Committee of the Regions «2023 Communication on EU Enlargement Policy»,* Brussels, 8 November 2023, (COM(2023) 690 final).

EUROPEAN PARLIAMENT (2024b), «Parliament re-elects Ursula von der Leyen as Commission President», *Press Release,* 18 July 2024, https://www.europarl.europa.eu/news/en/press-room/20240710IPR22812/parliament-re-elects-ursula-von-der-leyen-as-commission-president

EUROSTAT (2023), *Basic figures on the candidate countries and the potential candidates,* Luxembourg, Publications Office of the European Union, doi:10.2785/183853

FERRER LLORET, J. (2024), «La Unión Europea ante la guerra de Ucrania: ¿Un «gendarme mundial»?», en: DE CASTRO RUANO, J. L., OTAEGUI AIZPURUA, I. y SOROETA LICERAS, J. (dirs.), *Cursos de Derecho Internacional y Relaciones Internacionales de Vitoria-Gasteiz 2023*, Valencia, Tirant lo Blanch, 147-241.

FONSECA MORILLO, F. (2024a), «El Estado de Derecho como valor de la Unión Europea», en: López Garrido, D. (dir.), *El estado de la Unión Europea 2024. Integración vs. nacionalismo*, Madrid, Fundación Alternativas, 105-130.

— (2024b), *El Estado de Derecho en la Unión Europea: de un valor político a su dimensión financiera*, Madrid, Academia Europea de Doctores.

FRANCO-GERMAN WORKING GROUP ON EU INSTITUTIONAL REFORM (2023), «*Sailing on High-Seas: Reforming and Enlarging the EU for the 21st Century*», Paris-Berlin, 18 September 2023. https://www.politico.eu/wp-content/uploads/2023/09/19/Paper-EU-reform.pdf

GOLDNER LANG, I. (2012), «The Impact of Enlargement(s) on the EU Institutions and Decision-Making. Special Focus: Croatia», *Yearbook of European Law*, vol. 31, nº 1, pp. 473-502.

GONZÁLEZ ALONSO, L. N. (2023), «La Unión Europea ante el desafío de la guerra en Ucrania: ¿La ansiada epifanía de su política exterior y de seguridad común?», *Revista de Derecho Comunitario Europeo*, 75: 35-68.

GRABBE, H. (2023), «Rule of law rules future European Union enlargement», *Bruegel*, 9 November 2023, https://www.bruegel.org/first-glance/rule-law-rules-future-european-union-enlargement

GROUP OF FRIENDS ON QUALIFIED MAJORITY VOTING (2023), *Joint Statement of the Foreign Ministries on the Launch of the Group of Friends on Qualified Majority Voting in EU Common Foreign and Security Policy*, 4 May 2023, https://www.auswaertiges-amt.de/en/newsroom/news/-/2595304

Guinea Llorente, M. (2008), «La Política Europea de Vecindad y la estabilización del entorno próximo: el caso de Europa Oriental», *Revista de Derecho Comunitario Europeo*, 31: 805-831.

— (2011), *La Convención Europea: la génesis del Tratado de Lisboa*, Madrid, Congreso de los Diputados.

— (2014), «Las consecuencias de la crisis económica para el modelo político de la Unión Europea: profundización, diferenciación y demandas de legitimidad», en VVAA, *Cursos de Derecho Internacional y Relaciones Internacionales de Vitoria-Gasteiz 2013*, Cizur Menor, Thomson-Reuters Aranzadi, 2014, pp. 273-365.

— (2022), «El encargo de la Conferencia sobre el Futuro de Europa: reformar la Unión para proteger a los ciudadanos», en: Aldecoa, F. y Guinea Llorente M. (eds), *Una Unión Europea necesitada de reforma. Hacia la tercera Convención Europea*, Madrid, Los Libros de la Catarata, 125-148.

— (2023), «Capítulo 7. Aportaciones de la Conferencia sobre el Futuro de Europa para la profundización democrática de la gobernanza europea: acercando Europa a sus ciudadanos», en: Álvarez, M. V. y Saldaña, V. (eds.), *Democracia, economía, migraciones y salud en la integración del siglo XXI*, Bogotá, Ediciones Universidad Cooperativa de Colombia, 197-231.

— (2024a), «¡Cómo hemos cambiado! La respuesta política de la Unión Europea ante la invasión rusa de Ucrania», *Unisci Journal*, nº 64, Enero 2024, pp. 9-26.

— (2024b), «Próxima Generación UE: recuperación post-COVID y transformación económica y social como política federal europea.», en: Díaz Lafuente, J. y Hansen G. (Dirs.), *Desafíos del actual (des)orden global*, Valencia, Tirant lo Blanc, 2024, pp. 159-200.

GUINEA, M., RODRÍGUEZ, V., SÁNCHEZ, A. y PALACIO, V. (2023), «La super-ampliación de la Unión Europea al Este y Balcanes Occidentales», *Fundación Alternativas, Documento de Trabajo*, nº 230, https://fundacionalternativas.org/publicaciones/la-super-ampliacion-de-la-union-europea-al-este-y-balcanes-occidentales/

HUNGARIAN PRESIDENCY OF THE COUNCIL OF THE EU (2024), *Programme*, Second Half of 2024, https://hungarian-presidency.consilium.europa.eu/media/32nhoe0p/programme-and-priorities-of-the-hungarian-presidency.pdf

KARJALAINEN, T. (2023), «EU enlargement in wartime Europe. Three dimensions and scenarios», FIIA Working Paper nº 136, October 2023, https://www.fiia.fi/wp-content/uploads/2023/10/wp136_eu-enlargement-in-wartime-europe_updated.pdf

KRIBBE, H. y VAN MIDDELAAR, L. (2023), «Preparing for the next EU enlargement: Tough choices ahead», *Brussels Institute for Geopolitics,* BIG002, September 2023. https://big-europe.eu/publications/big002-preparing-for-the-next-eu-enlargement

LE GLOANNEC, A-M. (2018), *Continent by Default: the European Union and the Demise of Regional Order,* Cornell University Press.

LEHNE, S. (2023), «A Reluctant Magnet: Navigating the EU's Absorption Capacity», *Carnegie Europe,* 21 September 2023. https://carnegieendowment.org/research/2023/09/a-reluctant-magnet-navigating-the-eus-absorption-capacity?lang=en&center=europe

LETTA, E. (2024): *Much more than a market – Speed, Security and Solidarity. Empowering the Single Market to deliver a sustainable future and prosperity for all EU Citizens:* April. https://www.consilium.europa.eu/media/ny3j24sm/much-more-than-a-market-report-by-enrico-letta.pdf, pp. 139-140.

MACRON, E. (2024), «Construir un nuevo paradigma europeo», *Discurso,* La Sorbona, París, 25 de abril de 2024: en: https://legrandcontinent.eu/es/2024/04/25/construir-un-nuevo-paradigma-el-discurso-completo-de-emmanuel-macron-en-la-sorbona/

MAILLARD, S. (2024), «La UE en la encrucijada: ¿ampliación vs. profundización?», *Vanguardia Dossier,* 30 de mayo de 2024. https://www.lavanguardia.com/internacional/vanguardia-dossier/revista/20240530/9606208/ue-encrucijada-ampliacion-vs-profundizacion.html

— (2022), «Seis proyectos en busca de Europa», en: De Castro Ruano, J. L., Otaegui Aizpurua, I. y Soroeta Liceras, J. (dirs.), *Cursos de Derecho Internacional y Relaciones Internacionales de Vitoria-Gasteiz 2021,* Valencia, Tirant lo Blanch, 101-172.

MARTÍN RODRÍGUEZ, P. (2021), *El Estado de Derecho en la Unión Europea,* Madrid, Marcial Pons y AEDEUR.

MIREL, P. (2024), «L'Union européenne élargie de 27 à 36 membres? Pour un «Agenda 2030»», *Schuman Paper,* nº744, 8 avril 2024, https://server.www.robert-schuman.eu/storage/fr/doc/questions-d-europe/qe-744-fr.pdf

MÜLLER, M. (2023), «EU reform is back on the agenda. The many drivers of the new debate on Treaty change», FIIA Briefing Paper nº 363, May 2023, https://www.fiia.fi/wp-content/uploads/2023/05/bp363_eu-reform-is-back-on-the-agenda.pdf

— (2024), «A permanent system for seat allocation in the EP. Reconciling degressive proportionality and electoral equality through proportional completion», *European Parliament Research Service Briefing,* February 2024, (759.467). https://www.europarl.europa.eu/RegData/etudes/IDAN/2024/759467/IPOL_IDA(2024)759467_EN.pdf

NAVARRA, C. y JANČOVÁ, L. (2023), «Qualified majority voting in common foreign and security policy. A cost of non-Europe report», *European Parliament Research Service Study,* August 2023, (740.243). https://www.europarl.europa.eu/RegData/etudes/STUD/2023/740243/EPRS_STU(2023)740243_EN.pdf

ORENSTEIN, M. A. y KELEMEN, R. D. (2017), «Trojan Horses in EU Foreign Policy», *Journal of Common Market Studies,* 55(1): 87-102.

PARLAMENTO EUROPEO (2022a), *Resolución sobre la propuesta de decisión del Consejo relativa a la constatación, de conformidad con el artículo 7, de la existencia de un riesgo claro de violación grave por parte de Hungría de los valores en los que se fundamenta la Unión,* 15 de septiembre de 2022, (P9_TA(2022)0324).

— (2023a), *Resolución sobre la reconstrucción sostenible y la integración de Ucrania en la comunidad euroatlántica,* Estrasburgo, 15 de junio de 2023, (P9_TA(2023)0247).

— (2023b), *Resolución sobre los proyectos del Parlamento Europeo de revisión de los Tratados,* 22 de noviembre de 2023, (P9_TA(2023)0427), https://www.europarl.europa.eu/doceo/document/TA-9-2023-0427_ES.pdf

— (2024), *Resolución sobre la profundización de la integración de la Unión con vistas a su futura ampliación,* 29 de febrero de 2024, (P9_TA(2024)0120), https://www.europarl.europa.eu/doceo/document/TA-9-2024-0120_ES.pdf

PARKES, R. (2023), «A Different Way of Thinking about Enlargement and Reform», *Internationale Politik Quarterly,* 28 September 2023, https://ip-quarterly.com/en/different-way-thinking-about-eu-enlargement-and-reform?_ga=2.36655269.401693543.1697621800-1391891352.1697621800

POMPIDOU, G. (1969), *Conférence de presse,* 10 juillet 1969, https://www.georges-pompidou.org/portail-archives/conference-presse-10-juillet-1969-au-palais-lelysee

PRESIDENCIA BELGA DEL CONSEJO DE LA UE (2024), *Informe de situación sobre el futuro de Europa,* Bruselas, 10 de junio de 2024, (10411/24). https://data.consilium.europa.eu/doc/document/ST-10411-2024-INIT/es/pdf

RAIK, K. y BLOCKMANS, S. (2023), «Accelerator for a Geopolitical Europe: Potential Impact of Ukraine's Membership on EU Foreign, Security and Defence Policy», *International Centre for Defence and Security. Estonia,* 27 November 2023. https://icds.ee/en/accelerator-for-a-geopolitical-europe-potential-impact-of-ukraines-membership-on-eu-foreign-security-and-defence-policy/

RAIK, K., ARJAKAS, M., BLOCKMANS, S., *et alia* (2024), «The Political and Economic Impact of Ukraine's EU Accession on the EU and Estonia», *International Centre for Defence and Security. Estonia,* 9 May 2024, https://icds.ee/en/the-political-and-economic-impact-of-ukraines-eu-accession-on-the-eu-and-estonia/

Reglamento (UE/EURATOM) 2020/2092 del Parlamento Europeo y del Consejo de 16 de diciembre de 2020 sobre un régimen general de condicionalidad para la protección del presupuesto de la Unión, *DO* L 433I, de 22.12.2020, p. 1.

Reglamento (UE) 2021/241 del Parlamento Europeo y del Consejo de 12 de febrero de 2021 por el que se establece el Mecanismo de Recuperación y Resiliencia, *DO* L 57, de 18.2.2021, p. 17.

Reglamento (UE) 2021/1529 del Parlamento Europeo y del Consejo, de 15 de septiembre de 2021, por el que se establece el Instrumento de Ayuda Preadhesión (IPA III), *DO* L330, de 20.09.2021, p. 1.

Reglamento (UE) 2024/1449 del Parlamento Europeo y del Consejo, de 14 de mayo de 2024, por el que se establece el Mecanismo de Reforma y Crecimiento para los Balcanes Occidentales, *DO* L, 24.05.2024.

RODRÍGUEZ PRIETO, V. (2024), «La política de defensa de la UE ante la guerra en Ucrania: ¿superando la condición de "small power"?», *Revista CIDOB d'affers internacionals,* 137: 67-88, https://www.cidob.org/sites/default/files/2024-09/67-88_VICTORIA%20RODRI%CC%81GUEZ%20PRIETO.pdf

RUBIO, E., ALCIDI, C. y ANDERSSON, F. (2024), «EU cohesion policy post-2027: why and how to enhance flexibility», *CEPS In-depth analysis,* nº 13, September, https://cdn.ceps.eu/wp-content/uploads/2024/09/ID-A_2024-13_cohesion-policy.pdf

SCAZZIERI, L. (2022), «Can EU enlargement gain momentum?», *CER Insight,* 3 November 2022, https://www.cer.org.uk/insights/can-eu-enlargement-gain-momentum

SCHUMAN, R. (1950), *Declaración,* 9 de mayo de 1950, https://european-union.europa.eu/principles-countries-history/history-eu/1945-59/schuman-declaration-may-1950_es

SIDLO, K., POLAK, A., ALESZKO-LESSELS, O. (2024), *Preparing for the enlargement from a territorial perspective: governance, policies and investments to ensure the role and means of LRAs in an enlarged EU,* Committee of the Regions report, DOI 10.2863/4968861

STEIBLE, B. (2021), «Tribunal de Justicia de la Unión, tribunales nacionales y salvaguarda del Estado de Derecho en la UE», *Revista de Derecho Constitucional Europeo,* 35. https://www.ugr.es/~redce/REDCE35/articulos/10_STEIBLE.htm

STRATULAT, C. (2023), «From rhetoric to action on enlargement: A three-pronged way forward», *EPC Commentary,* 11 September 2023. https://www.epc.eu/en/Publications/From-rhetoric-to-action-on-enlargement-A-three-pronged-way-forward%7E538cac

TRUYOL Y SERRA, A. (1979), *La Integración Europea. Análisis histórico-institucional con textos y documentos. Vol. I. Génesis y desarrollo de la Comunidad Europea (1951-1979),* Madrid, Tecnos.

UNITED NATIONS-UKRAINE (2024), «Updated Ukraine Recovery and Reconstruction Needs Assessment Released», *Press Release,* 15 February 2024, https://ukraine.un.org/en/260758-updated-ukraine-recovery-and-reconstruction-needs-assessment-released

VAN DER VEEN, A. M. (2014), «Enlargement and the anticipatory deepening of European integration», *Journal of European Public Policy,* 21(5): 761-775.

VON DER LEYEN, U. (2020), *State of the Union Address,* Strasbourg, 16 September 2020, https://ec.europa.eu/commission/presscorner/detail/en/SPEECH_20_1655

— (2023), *State of the Union Address,* Strasbourg, 13 September 2023, https://ec.europa.eu/commission/presscorner/api/files/document/print/en/speech_23_4426/SPEECH_23_4426_EN.pdf

— (2024a), *Statement at the European Parliament Plenary as President candidate for a second mandate 2024-2029,* Strasbourg, 14 July 2024 (STATEMENT 24/3871), https://ec.europa.eu/commission/presscorner/detail/ov/STATEMENT_24_3871

— (2024b), *«La decisión de Europa». Orientaciones políticas para la próxima Comisión Europea (2024-2029),* Estrasburgo, 18 de julio de 2024, pp. 32-33. https://commission.europa.eu/document/download/e6cd4328-673c-4e7a-8683-f63ffb2cf648_es?filename=Political%20Guidelines%202024-2029_ES.pdf

— (2024c), *Mission letter to Raffaele Fitto, Executive Vice-President for Cohesion and Reforms,* Brussels, 17 September 2024, https://commission.europa.eu/document/download/1bf50cbe-45a4-4dc5-9922-52c6c2d3959f_en?filename=Mission%20letter%20-%20FITTO.pdf

— (2024d), *Mission letter to Piotr Serafin, Commissioner designate for Budget, Anti-Fraud and Public Administration,* Brussels, 17 September 2024, https://commission.europa.eu/document/download/db369caa-19e7-4560-96e0-37dc2556f676_en?filename=Mission%20letter%20-%20SERAFIN.pdf

Números Publicados
Serie Unión Europea y Relaciones Internacionales

Nº 1/2000 «La política monetaria única de la Unión Europea»
Rafael Pampillón Olmedo

Nº 2/2000 «Nacionalismo e integración»
Leonardo Caruana de las Cagigas y Eduardo González Calleja

Nº 1/2001 «Standard and Harmonize: Tax Arbitrage»
Nohemi Boal Velasco y Mariano González Sánchez

Nº 2/2001 «Alemania y la ampliación al este: convergencias y divergencias»
José María Beneyto Pérez

Nº 3/2001 «Towards a common European diplomacy? Analysis of the European Parliament resolution
on establishing a common diplomacy (A5-0210/2000)»
Belén Becerril Atienza y Gerardo Galeote Quecedo

Nº 4/2001 «La Política de Inmigración en la Unión Europea»
Patricia Argerey Vilar

Nº 1/2002 «ALCA: Adiós al modelo de integración europea?»
Mario Jaramillo Contreras

Nº 2/2002 «La crisis de Oriente Medio: Palestina»
Leonardo Caruana de las Cagigas

Nº 3/2002 «El establecimiento de una delimitación más precisa de las competencias entre la Unión Europea
y los Estados miembros»
José María Beneyto y Claus Giering

Nº 4/2002 «La sociedad anónima europea»
Manuel García Riestra

Nº 5/2002 «Jerarquía y tipología normativa, procesos legislativos y separación de poderes en la Unión Europea:
hacia un modelo más claro y transparente»
Alberto Gil Ibáñez

Nº 6/2002 «Análisis de situación y opciones respecto a la posición de las Regiones en el ámbito de la UE.
Especial atención al Comité de las Regiones»
Alberto Gil Ibáñez

Nº 7/2002 «Die Festlegung einer genaueren Abgrenzung der Kompetenzen zwischen der Europäischen Union
und den Mitgliedstaaten»
José María Beneyto y Claus Giering

Nº 1/2003 «Un español en Europa. Una aproximación a Juan Luis Vives»
José Peña González

Nº 2/2003 «El mercado del arte y los obstáculos fiscales ¿Una asignatura pendiente en la Unión Europea?»
Pablo Siegrist Ridruejo

Nº 1/2004 «Evolución en el ámbito del pensamiento de las relaciones España-Europa»
José Peña González

Nº 2/2004 «La sociedad europea: un régimen fragmentario con intención armonizadora»
Alfonso Martínez Echevarría y García de Dueñas

Nº 3/2004 «Tres operaciones PESD: Bosnia y Herzegovina, Macedonia y República Democrática de Congo»
Berta Carrión Ramírez

Serie Política de la Competencia y Regulación